UNE FAMILLE DE
GRANDS MUSICIENS

Mémoires de Louise Héritte-Viardot

recueillies par

Louis Héritte de la Tour

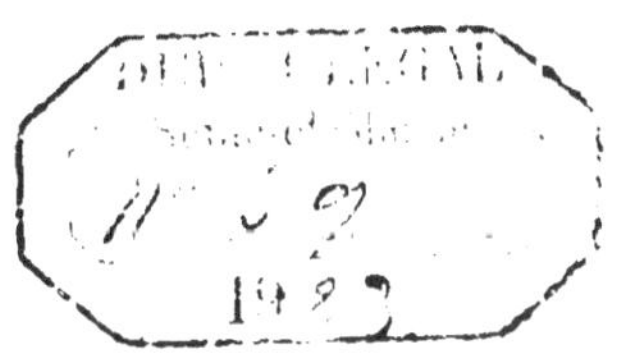

1923

TROISIÈME ÉDITION

LIBRAIRIE STOCK

Delamain Boutelleau et Cⁱᵉ, PARIS

UNE FAMILLE
DE GRANDS MUSICIENS

E. GREVIN — IMPRIMERIE DE LAGNY

Louise HÉRITTE-VIARDOT

UNE FAMILLE

DE

GRANDS MUSICIENS

Notes et Souvenirs anecdotiques

SUR

GARCIA

PAULINE VIARDOT, LA MALIBRAN

LOUISE HÉRITTE-VIARDOT

ET LEUR ENTOURAGE

PAR

LOUIS HÉRITTE DE LA TOUR

LIBRAIRIE STOCK

DELAMAIN, BOUTELLEAU ET Cie, ÉDITEURS — PARIS

155, Rue Saint-Honoré, Place du Théâtre-Français et 7, Rue du Vieux-Colombier.

INTRODUCTION

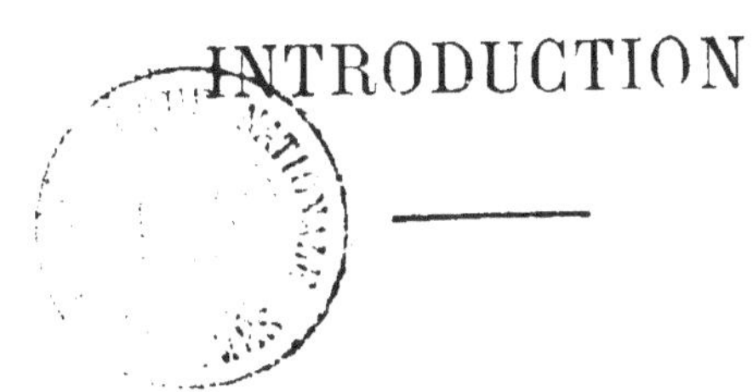

Cet ouvrage n'est pas une œuvre littéraire,
mais il présente l'intérêt d'être sincère, véri-
dique, émaillé de faits typiques souvent inédits
relatés d'une plume légère par un témoin qui a
vécu et observé personnellement ce qu'il relate.

Ces Souvenirs Anecdotiques sont tirés, en
effet, des *Mémoires* que Louise Héritte-Viardot
a dictés à son entourage, en langues anglaise
et allemande, au hasard de l'inspiration. Ils
ont été tantôt complétés, tantôt abrégés en vue
de leur publication ; mais, afin de leur conserver leur originalité et par respect pour la partie autobiographique, on leur a laissé la forme

personnelle en s'efforçant de serrer de près, dans les traductions, le texte en langue étrangère.

Le nom de Louise Héritte-Viardot jouit, hors de nos frontières, d'une notoriété considérable, tandis qu'il est relativement peu connu en France. Cela tient à ce que cette femme remarquable a toujours vécu à l'étranger, car, par un scrupule de délicatesse extrême, elle s'est volontairement effacée devant le rayonnement de sa mère, Pauline Viardot, qui résidait en France.

Dans un transport d'admiration arraché à sa froideur habituelle, Saint-Saëns s'écriait un jour : « Quelle bévue il a commise, le bon Dieu, lorsqu'il a fait de Louise une femme ! Elle possède les dons naturels, l'intelligence éclairée, la largeur de vues, l'érudition, la fermeté de caractère d'un homme tout à fait supérieur (1). Et comme artiste ! Et comme compositeur !... Quelle inspiration, quel talent, quelle puis-

(1) Elle possédait aussi, au plus haut point, le don d'observation, comme en témoigne la troisième partie de cet ouvrage. On y trouvera, sur le grand bouleversement social russe, des prévisions qui tiennent de la divination.

sance, quelle technique, quel profond savoir, quelle originalité (parfois subversive), se dégagent de chacune de ses œuvres ! Réellement, le bon Dieu s'est étrangement trompé ; car, si Louise était un homme, son génie produirait dans la musique une véritable révolution. »

Le fait est que, — malgré son tempérament masculin dont les vicissitudes de la vie d'artiste contribuèrent à accroître l'énergie, — Louise Héritte-Viardot eut à souffrir constamment des préjugés que, de son temps, l'on professait à l'égard de la Femme. Si, comme cantatrice, elle remporta naguère sur les scènes étrangères les plus magnifiques succès (l'enthousiasme des foules est spontané et ne raisonne pas ses suffrages !), comme compositeur elle a subi, — parce que femme, — l'obstruction, sinon l'opposition et l'animosité déclarées, des cerbères qui gardent jalousement l'entrée du domaine artistique réservé au seul sexe masculin. Songez donc ! *Une femme* qui, tout enfant, se mêle de composer ! Qui écrit des fugues, des quatuors, de la musique de chambre, des partitions, des concertos, des cantates, voire même des opéras ! *Une femme* qui ose manier le bâton de chef d'orchestre et diriger elle-même ses œuvres ! Pareille outrecuidance est-elle admissible ? Peut-elle et doit-elle se tolérer ?...

Et cependant, telle est la force du mérite personnel, que des Rubinstein, des Tchaïkovski, des Liszt, des Gounod rendaient hommage à Louise Héritte-Viardot.

Après avoir entendu ses premières œuvres, Léonard lui écrivait (1) : « Ma chère Louise, il faut que je te dise encore combien j'ai été enchanté et, permets-moi de dire, surpris, des œuvres que tu m'as fait entendre hier soir. Depuis quelques années, j'ai entendu bien des quatuors de jeunes compositeurs. L'un ressemble à Mendelsohn, l'autre à Beethoven ou à Schumann. Les tiens sont bien à toi. Ce sont tes propres idées... Puis, une fraîcheur, un naturel (malgré le travail classique) qui m'ont de suite charmé. Tes mélodies pour le chant

(1) Autographe inédit daté de Bruxelles, 15 janvier 1863.

sont encore plus complètes : ce sont des œuvres de Maître... ».

Liszt la qualifiait de « Chère Admirable », de « Cher Poète-Compositeur » (1). Massenet se déclarait flatté de savoir qu'elle serait dans la salle de spectacle où allait se donner un de ses opéras-comiques (2). L'Impératrice Augusta écrivait à Pauline Viardot, par lettre autographe datée de Coblence, 14 septembre 1877, qu' « elle se réjouissait de l'heureuse perspective qui s'ouvrait pour sa charmante fille et qu'elle félicitait celle-ci de ses grands succès... »

Il ressort de ces citations, prises au hasard, que Louise Héritte-Viardot fut hautement appréciée par l'élite musicale de son temps. Que si les œuvres magistrales qu'elle a laissées ne

(1) Autographes inédits : « Chère Admirable, à moins d'une représentation en sus, ce soir, je viendrai vous renouveler l'hommage de mes invariables sentiments dévoués. » LISZT — « Cher Poète Compositeur, obligé d'aller à une répétition à 11 heures pour le concert de ce soir (au Stadthaus), je viendrai vous retrouver chez Mᵐᵉ Mérian à midi et demi. Sincères et admiratifs hommages » (LISZT.)

(2) « Soyez bonne et indulgente encore cette fois ; et merci de votre désir d'entendre cette musique. Comme je serais flatté de savoir que l'auteur de *Caïn* est dans la salle ! » (J. MASSENET).

sont pas davantage connues du Grand Public français, cela tient aussi à ce que, jalouse à l'excès de ce qu'elle dénommait non sans fierté sa « propreté professionnelle », elle avait le dédain et l'horreur de tout ce qui pouvait ressembler à de la *réclame* faite autour de son nom. Lorsque celui-ci était cité par quelque admirateur trop zélé, elle en éprouvait une gêne et comme un malaise physique. Timidité? Non certes! — Fierté, dignité personnelle? Oui, assurément! — Aussi, les plus récentes compositions de Louise Héritte-Viardot (et non les moins admirables!) sont restées enfermées dans des cartons d'où, selon le vœu de leur auteur, elles ne doivent sortir pour être publiées que comme œuvres posthumes (1).

Ce mépris du *cabotinage*, ce souci de la dignité personnelle qui caractérisent les Grands Artistes réellement dignes de cette dénomina-

1. Louise Héritte-Viardot est décédée à Heidelberg durant la guerre. Elle a laissé plusieurs opéras, des concertos, des quatuors et de nombreuses mélodies inédites du plus haut intérêt. On peut dire que ce compositeur fut un précurseur, car ses œuvres dénotent les tendances de la musique « moderne » de nos jours.

tion se sont constamment manifestés chez tous les membres de la famille Garcia (1). Si, par l'effet de leur renommée et de leur popularité mondiales, ils furent contraints à livrer au public leur existence d'artiste, ils se firent une sorte de point d'honneur de conserver intacte la propriété de leur vie privée.

Il en est résulté que la plupart des ouvrages qu'on a publiés sur leur compte et sur leurs rapports avec les personnages d'élite qui gravitaient autour d'eux, contiennent des erreurs ou des lacunes qu'il était difficile de réparer faute de la documentation précise que viennent apporter aujourd'hui les Souvenirs personnels de la fille aînée et du petit-fils de Pauline Viardot.

Louis Héritte de la Tour.

Paris, octobre 1922.

(1) Les excentricités un peu bruyantes de la Malibran n'ont jamais été inspirées par gloriole ni par amour du lucre. C'étaient de simples caprices de femme.

UNE FAMILLE
DE GRANDS MUSICIENS

PREMIÈRE PARTIE

UNE FAMILLE DE MUSICIENS

CHAPITRE I

MANUEL VICENTE GARCIA

Manuel Vicente Del Popolo Rodriguez, mon grand-père maternel, était le fils d'un magistrat. Lorsqu'il monta sur la scène il prit le nom très répandu de Garcia que sa descendance devait conserver. Né à Séville le 22 janvier 1775, il fit, à l'âge de dix-sept ans, ses débuts à Cadix où son succès retentissant le plaça immédiatement au rang des premiers ténors de l'époque. Il épousa une actrice, Joaquina Sitches, d'un naturel enjoué et pétillante d'esprit espagnol, qui, sous la direction de son mari, devint bientôt une excellente cantatrice.

De cette union naquirent trois enfants dont la renommée contribua au lustre de la famille Garcia : Manuel, qui devint un éminent professeur de chant et qui inventa le laryngoscope ; Maria Felicia qui s'illustra sous le nom de Malibran, et Pauline qui, elle aussi, acquit une renommée mondiale et devint ma mère par son mariage avec Louis Viardot.

Désireux d'obtenir la consécration de Paris, Garcia s'y rendit avec sa femme et son fils Manuel alors agé de deux ans. Il débuta au Théâtre Italien le 11 février 1808 et, grâce à son talent et à la fougue de son tempérament andalou, il obtint immédiatement dans le rôle de *Don Juan* et dans celui d'*Othello* un succès retentissant que devait surpasser encore par la suite celui qu'il remporta dans le rôle du Comte Almaviva du *Barbier de Séville* écrit spécialement pour lui par Rossini. Puis mes

MANUEL VICENTE DEL POPOLO RODRIGUEZ
(GARCIA) père.

grands-parents firent diverses tournées théâ-
trales, notamment à Paris, à Londres et à
Naples, où, fréquemment, ils chantèrent des
opéras composés par mon grand-père lui-
même.

Après avoir réalisé une fortune considérable,
ils décidèrent de l'accroître par une tournée
au Mexique ; mais à leur arrivée à Mexico, ils
trouvèrent, au point de vue artistique, un état
de choses des plus rudimentaires. Certes ! il y
existait bien un immeuble pompeusement
dénommé « Le Théâtre » ; mais il n'y avait ni
orchestre, ni chœurs, ni la moindre partition.

Courageusement mon grand-père se mit au
travail et il accomplit de véritables prodiges :
de mémoire, il écrivit, séance tenante, la partition complète de *Don Juan* et du *Barbier* qui,
avec de nouveaux opéras qu'il composa sur
place, constituèrent le répertoire de la troupe
durant tout son séjour au Mexique. Un artiste
capable de pareils tours de force devait être
positivement génial !

Lorsqu'ils furent sur le point de rentrer en
Europe, mes grands-parents, prévenus de l'in-

sécurité des routes, louèrent une escorte armée, ce qui ne les empêcha pas d'être attaqués par une bande de brigands qui leur volèrent leur argent et leurs bagages. Qu'on juge du saisissement de ma grand'mère lorsqu'elle s'aperçut que le Chef des bandits, au visage barbouillé de noir, n'était autre que le Capitaine de l'escorte !

Fort heureusement les voyageurs avaient réussi à dissimuler une somme suffisante pour acquitter le prix de leur passage et ils purent rentrer sans nouvelles avanies en Europe où ils s'installèrent à Paris. Mon grand-père se consacra, à partir de ce moment, à l'enseignement musical.

A l'époque où il possédait encore sa belle voix de ténor, (qui, par la suite, devint celle de fort baryton), il demeurait avec Rossini qui travaillait avec une hâte fébrile au *Barbier de Séville*. Rossini lui dit un jour : « Vraiment, Garcia, je n'ai pas la moindre idée de ce que je pourrais écrire pour toi dans le premier acte. Compose donc quelque chose toi-même; ce sera certainement très bien ». Il en résulta

JOAQUINA SITCHES

(GARCIA, mère).

la charmante Sérénade avec les répliques de Rosine.

Si je cite cette anecdote, c'est parce qu'on ignore généralement que Garcia fut un excellent compositeur. Rossini disait volontiers de lui : « Si son entregent avait égalé son talent et son savoir, il aurait été sans aucun doute le premier musicien de l'époque ».

Garcia était un homme autoritaire, de caractère violent; et ses deux enfants aînés, Manuel et Maria-Félicia, eurent beaucoup à souffrir de ses emportements, tandis que Pauline, sa fille cadette, ne fut jamais traitée avec sévérité. Il est vrai, que dès son enfance, elle se montra extrêmement docile et studieuse. Quant à lui-même, il était un infatigable travailleur qui ne composa pas moins de quarante-deux opéras, plusieurs messes et de nombreuses mélodies.

C'est généralement en donnant ses leçons qu'il faisait ses compositions, en écrivant sur le dessus du piano, ce qui n'empêchait pas son enseignement d'être remarquable, et non dépourvu, parfois, d'humour. Ainsi, il possédait un perroquet qui, auditeur habituel de ses cours, était arrivé à chanter les exercices avec une telle correction que Garcia disait parfois, en plaisantant, à ses élèves : « Ecoutez votre maître et tâchez de l'imiter !... »

Son activité intellectuelle lui donnait toutes les satisfactions désirables. Il menait une existence calme et familiale, ne sortant guère que pour la promenade du dimanche et parfois pour assister à une représentation théâtrale. Il était frugal et facile à contenter tant qu'il ne s'agissait pas de musique. Si quelque chose lui déplaisait ou si un plat n'était pas à son goût, il disait philosophiquement : « Bah! tant pis ! pour cette fois, ça peut passer !... »

C'est à Paris qu'il écrivit son ouvrage sur le chant, qui contient les principes fondamentaux de la célèbre École Garcia complétée et perfectionnée par son fils Manuel.

Durant ces dernières décades, une quantité de nouvelles méthodes de chant ont fait leur apparition, car tout professeur croit avoir inventé quelque chose de nouveau. Malheureusement ces innovations ne peuvent être prises au sérieux ; très souvent elles sont même parfaitement ridicules, et c'est en vain qu'on s'est efforcé de supplanter l'école Garcia. Je dis École et non Méthode, car il ne peut exister que deux méthodes de chant : celle qui consiste à chanter bien et celle qui consiste à chanter mal.

CHAPITRE II

MANUEL GARCIA

Garcia mourut en 1832, laissant à ses trois enfants le soin d'ajouter quelques lauriers à ses couronnes. On sait à quel point ils y réussirent !

Son fils Manuel, après avoir longtemps hésité entre les professions de chanteur, de marin et de chimiste, s'enfuit de chez ses parents et s'embarqua comme simple matelot. A son retour, après la prise d'Alger à laquelle il avait assisté, son père le contraignit à faire du théâtre. Manuel chanta donc en Italie durant quelques années ; puis il fit partie de la tournée au Mexique que j'ai relatée. Mais comme il continuait à n'être pas content de sa

MANUEL GARCIA

voix et supportait difficilement le despotisme paternel, il résolut d'abandonner le théâtre pour lequel il n'avait décidément pas la vocation et de se vouer dorénavant à l'enseignement du chant. Il devait y accomplir de grandes choses !

Il s'établit à Paris (où il se fit construire un petit laboratoire afin de pouvoir satisfaire, durant ses loisirs, son goût pour la chimie) et, bientôt, il se vit nommé Professeur de Chant au Conservatoire où il exerça durant une vingtaine d'années, de 1830 à 1850, et fit l'éducation d'un grand nombre d'artistes distingués de toutes les nationalités. Il épousa une de ses élèves qui, par la suite, se fit chanteuse. De pénibles incidents d'ordre intime l'ayant forcé à quitter Paris, il élut domicile à Londres où, après le décès de sa femme, il épousa, à l'âge de soixante-dix ans, une Anglaise dont il eut plusieurs enfants. Il résida jusqu'à sa mort en Angleterre (tout en conservant sa nationalité espagnole), et il s'y consacra jusqu'à la fin à son admirable enseignement.

Au moral, ce qui frappait le plus chez cet

homme, c'était son extrème simplicité, sa bonté, son mépris de la flagornerie et son horreur de tout ce qui pouvait ressembler à de la réclame faite autour de son nom. Il n'avait qu'un amour : celui de sa famille ; et qu'une passion : celle du travail. Jamais inactif, il consacrait ses loisirs à la lecture de tous les ouvrages scientifiques qui paraissaient en langues française, anglaise, italienne ou espagnole et à l'étude des problèmes les plus ardus. Cet autodidacte à qui rien n'était étranger avait acquis ainsi un savoir remarquable, que rehaussaient encore la noblesse de ses idées et une distinction native accrue par la fréquentation de l'élite de la Société.

Mais il fallait bien le connaître pour s'apercevoir de sa valeur intellectuelle et morale, car il la cachait sous une modestie excessive. Ainsi, la plus grande marque d'orgueil qu'il m'ait jamais donnée a consisté à m'écrire dans une de ses dernière lettres :

« ... Je me trouve tellement vénérable, ma chère Louise, que lorsque je passe devant une glace je ne puis m'empêcher de me faire une révérence. Heureusement qu'à *Mon Abri* il n'y a pas beaucoup de miroirs ! »

A voir ce petit homme voûté mais sans aucune infirmité, prodigieusement vif et actif, pétillant d'esprit malicieux et d'intelligence, nul n'aurait pu soupçonner qu'il était âgé de près de cent deux ans.

Je lui demandais un jour quelques renseignements sur une expérience électrique : « Il faut que j'y réfléchisse, » me répondit-il. Lorsque je revins le voir, huit jours plus tard, je le trouvai assis à une grande table couverte d'appareils électriques *qu'il avait construits lui-même*. « Voici l'explication », me dit-il ; et, séance tenante, il me fit la démonstration.

A cette époque sa fille aînée s'adonnait à l'étude des fugues. « Sapristoche ! me dit-il à ce sujet, ne voilà-t-il pas que cette gamine se met à écrire des fugues ; et, moi qui ai oublié la manière de les faire ! Ça ne va pas, cela ! » Immédiatement il se remit à l'étude et il composa plusieurs fugues remarquables, ce qui n'est assurément pas sans mérite chez un vieillard de cet âge.

Un soir que je dînais chez lui, il s'aperçut, au moment de passer dans la salle à manger, qu'il avait oublié son mouchoir. Au lieu d'en envoyer chercher un par un domestique, et sans rien dire à personne, il grimpa quatre à quatre ou, plus exactement, par deux marches à la fois, les deux étages qui séparaient la salle à manger de la chambre à coucher ; et cela fut fait si rapidement qu'il nous rejoignit au moment où nous allions nous mettre à table. Il avait à ce moment exactement cent deux ans ! Quinze jours plus tard, il devait oublier de se réveiller un matin : sans une secousse, sans un tremblotement, la lampe si étincelante s'était subitement éteinte...

CHAPITRE III

Je crois utile de m'étendre un peu ici sur l'invention, par Manuel Garcia, du Laryngoscope; car cet appareil a été et est encore d'une inestimable utilité tant pour les médecins et les chirurgiens que pour les chanteurs :

Avant cette invention il n'avait pas été possible de voir le larynx d'un être vivant si ce n'est lorsque, dans des cas graves, on avait réussi à l'apercevoir au cours d'une opération externe.

Il est vrai que les anatomistes du xviiie siècle et du commencement du xixe avaient déjà décrit assez exactement le larynx dont on connaissait certaines affections pour les avoir observées à l'amphithéâtre. Mais la diagnose de ces maladies et leur traitement étaient encore dans les ténèbres, car les symptômes apparents tels que l'enrouement, l'aphonie et la dyspnée n'étaient pas suffisamment caractéristiques pour permettre de distinguer entre elles les différentes affections et de déterminer leur traitement approprié. En raison du mystère qui enveloppait ces maladies, l'idée d'un « porte-lumière » susceptible de rendre visible l'intérieur du larynx devait naturellement venir à l'esprit de l'homme de science. Cagnard de Latour, Senn, Babington, Trousseau, Bauniès, Liston, Avery Warden, et tant d'autres savants avaient vainement fait des recherches en ce sens.

C'était à un profane, au simple professeur de chant qu'était Garcia, que devait revenir la gloire de résoudre le problème, et cela non pas dans un but transcendant, mais simplement pour pouvoir baser son art sur des principes purement scientifiques et sur des observations physiologiques. « Je voulais savoir, — m'expli-

quait mon oncle Manuel en me racontant avec sa
simplicité habituelle la genèse de son invention,
— je désirais ardemment savoir quelles sont
les causes déterminantes du *registre* et du *timbre*
et quelles sont les origines certaines de la voix ;
pourquoi certains exercices, (que seules des
méthodes empiriques nous ont fait découvrir),
la développent, l'assouplissent, l'embellissent,
tandis que d'autres la fatiguent, l'éraillent ou
la cassent. Pourquoi des chanteurs de profes-
sion perdent-ils tout à coup certaines notes que
leur rendent parfois tantôt le repos, tantôt le
régime, tantôt un travail vocal déterminé ?
Pourquoi la voix est-elle voilée ? D'où provien-
nent l'enrouement, le grasseyement, le « chat » ?

Ah ! s'il existait un moyen pratique de voir
le larynx en action et de l'étudier pendant le
processus du chant, quelles précieuses indica-
tions on recueillerait tant sous le rapport de
l'enseignement qu'au point de vue thérapeu-
tique et chirurgical ! »

Longtemps il chercha ce moyen, tout en
étudiant, entre temps, à l'aide de pièces anato-
miques, la physiologie de la trachée et des

cordes vocales (dont il avait deviné le rôle prédominant dans la formation de la voix) chez l'homme et chez toutes sortes d'animaux.

Enfin, « un jour — me racontait-il, — je flânais, en 1854, sous les galeries du Palais Royal lorsque je vis, à la devanture d'un magasin, des miroirs que le hasard de l'étalage avait disposés d'une certaine façon. Aussitôt un grand jour se fit dans mon esprit. Tout ému, je courus comme un fou chez Charrière acheter un petit miroir de dentiste à manche long et je rentrai à la maison, toujours en courant. Après avoir fait tiédir ce miroir, je l'introduisis jusqu'à la luette dans ma bouche ouverte, tandis que je projetais dessus des rayons solaires à l'aide d'un miroir à main. A mon immense joie, je vis clairement, se réfléchissant dans la grande glace placée devant moi, ma glotte largement ouverte et même une partie de la trachée. Tu vois que c'était fort simple et que je n'ai pas eu beaucoup de mérite ! »

C'est avec enthousiasme qu'à partir de ce moment Garcia se servit du jeu de miroirs pour examiner sa propre gorge et celle d'autrui, en notant avec une étonnante précision les mouvements des cordes vocales pendant la respiration et le chant. Ces observations lui permirent de connaître enfin les origines de la voix et d'établir la preuve que ce sont les cordes vocales seules qui la produisent, tandis que toutes les parties organiques supérieures n'ont d'influence que sur *le timbre ;* il était démontré aussi que chaque *registre* est produit uniquement par la différence de tension et par les vibrations des cordes vocales, et non comme certaines personnes le croient encore, par la poitrine ou par la gorge.

Après quelques mois d'études et d'observations qui confirmèrent les premières prévisions de son opuscule *Sur l'Invention du laryngoscope*, l'heureux inventeur put présenter à l'Académie Britannique des Sciences ses *Observations physiologiques sur la voix humaine*, rédigées en langues anglaise et française.

On ne se rendit pas bien compte, tout d'abord, de l'importance du *Laryngoscope* au point de vue médical ou chirurgical ; et comme l'auteur du Mémoire ne faisait pas partie de la « Docte

Confrérie », on traita de chimériques les prévisions qu'il formulait à ce sujet.

Mais, peu à peu, le corps médical ouvrit les yeux ; et, après des opérations graves pratiquées avec succès par Türck, Czermak, Von Burns, etc. à l'aide du nouvel appareil, l'emploi de celui-ci se généralisa et la *laryngoscopie chirurgicale* fut créée, qui devait sauver et sauve encore de nos jours des milliers d'existences humaines.

Avec la modestie qui caractérisait mon oncle, il ne fit rien pour se mettre en relief, « trop heureux qu'il était d'avoir pu rendre des services et d'avoir trouvé le moyen de soigner ses élèves, tout en perfectionnant son enseignement ».

Mais une magnifique surprise lui était réservée dans ses vieux jours. A son insu, ses amis et admirateurs firent, en mars 1905, coïncider son centième anniversaire avec le cinquantenaire de l'invention du laryngoscope; et Manuel Garcia eut le bonheur d'assister, frais et sain d'esprit et de corps, aux fêtes splendides qui furent données à cette occasion.

L'éclat de ces fêtes fut rehaussé par la présence de délégations envoyées par les principales Académies, Universités et Sociétés savantes du monde entier, auxquelles s'étaient joints les représentants du Conservatoire et des institutions musicales les plus importantes de Londres. La Cour d'Espagne se fit représenter par un ambassadeur extraordinaire; celle de Suède lui décerna un grade élevé dans l'Ordre de Wasa pour le remercier d'avoir formé la célèbre cantatrice Jenny Lind ; la Reine d'Angleterre le reçut en audience privée; Wagner lui écrivit une lettre de félicitations et de remerciements pour les progrès que faisait, grâce à lui, sa fille Johanna ; un magnifique portrait de lui-même, par Sargent, lui fut offert. Bref, en cette circonstance, l'admirable vieillard fut comblé de toutes sortes de satisfactions et d'honneurs.

CHAPITRE IV

La sœur aînée de Manuel, Maria-Félicia, (et non Félicita comme on l'a trop souvent écrit), vint au monde à Paris, le 24 mars 1808, dans une vieille maison qui existe encore de nos jours au n° 3 de la rue de Condé.

Elle avait trois ans lorsque son père l'emmena avec toute sa famille en Italie ; et c'est par un pur effet du hasard qu'elle fit sa première apparition comme chanteuse au théâtre des Florentins, où elle tenait le rôle de l'enfant dans l'*Agnèse* de Paër. Dans cet opéra elle entrait en scène à un moment donné pour remettre une lettre à son père, tandis que celui-ci chan-

LA MALIBRAN

tait un duo avec la soprano. Or, un soir, à cet instant précis, la soprano se trouva mal et dut interrompre son chant. Immédiatement la gamine reprit l'air et chanta au pied levé le duo avec son père, ce qui produisit dans la salle un enthousiasme délirant. Depuis lors, chaque fois qu'on donnait cet opéra, les spectateurs insistaient pour que la petite Maria prît dans ce duo la place de la cantatrice. Il en fut ainsi jusqu'à ce qu'un beau soir la fillette se sentit enrouée ou fatiguée. Après avoir terminé son duo elle s'écria en pleine scène : « Ho cantato come un cane, no voglio cantar piu! » puis, au milieu de l'hilarité générale, elle s'enfuit à toutes jambes. Tous les efforts qu'on tenta pour l'amener à composition restèrent infructueux car, si à l'âge de cinq ans, Maria Félicia était déjà vive, primesautière et originale, elle montrait aussi cette indépendance de caractère et cette extraordinaire force de volonté dont au cours de sa vie elle devait donner tant de témoignages.

Ses deux premiers maîtres furent français : Panseron pour le solfège, Hérold pour le piano.

Mais son véritable professeur fut son père, avec qui elle chantait dès 1814 des *San Antos* espagnols ainsi que les plus extraordinaires saynètes que composait l'extravagante imagination de Garcia. L'accompagnement en était généralement fort simple, mais il mettait singulièrement en relief la qualité des exécutants, c'est-à-dire des membres de la famille : le père frappait un accord pour donner le ton ; le chant se faisait sans soutien aucun et, lorsqu'il était terminé, Garcia frappait un nouvel accord pour montrer aux auditeurs que les voix n'avaient aucunement détonné.

C'est après le séjour en Italie et en Angleterre et lorsque son père eut ouvert à Paris, rue de Louvois, une école de chant qui devint vite célèbre, que Maria commença sérieusement son éducation musicale sous la dure férule paternelle.

Sa voix était faible et d'un registre étroit, les tons aigus en étaient durs et le médium voilé. C'est de cet organe médiocre qu'à force de travail et sous le poignet de fer de son maître, elle fit le plus merveilleux des instruments. La prodigieuse énergie dont elle donna durant toute sa vie tant de preuves, se manifestait déjà chez Maria encore toute jeune. Elle s'était mis en tête non seulement d'égaler son père, mais même de le surpasser en talent, en savoir et en réputation, et elle s'y efforçait. Mais la lutte constante qu'elle avait à soutenir contre son organe imparfait et rebelle était tellement pénible que parfois le découragement l'envahissait. C'est à ces moments que se montrait le prodigieux ascendant que son père exerçait sur elle. Bientôt elle reprenait courage et se remettait avec vigueur au travail, non sans pleurer parfois. Très fière, elle cherchait à cacher ses larmes en se reculant derrière son père pour qu'il ne la vît pas ; et c'est ainsi que, sans s'en apercevoir, elle acquit le don assez rare de savoir chanter en pleurant, don qui par la suite devait lui assurer bien des triomphes dans l'interprétation au théâtre de certains rôles, tel celui de Desdémone qu'elle chantait en versant, presque à son insu, d'abondantes et vraies larmes.

Physiquement, elle était et resta toujours

fluette et menue ; mais son tempérament nerveux et son extraordinaire force de volonté lui
permirent de supporter les épreuves physiques
les plus excessives. Au cours de son existence
il lui est arrivé souvent de s'évanouir de fa-
tigue ; mais, lorsqu'elle reprenait connaissance,
ses forces semblaient accrues. Le régime d'entraînement auquel, dès sa tendre enfance, la
soumit son père ne fut sans doute pas étranger à l'endurance dont elle témoigna ! C'est
ainsi que, à l'âge de quatorze ans, Maria devait
aider aux soins du ménage, faire elle-même ses
robes, et apprendre le français, l'espagnol,
l'anglais, l'italien, le dessin, l'équitation, l'es-
crime, le piano, l'harmonie et le chant, ce
terrible chant que lui enseignait, non sans
violences, son inflexible mais admirable professeur.

Après avoir chanté en 1824, c'est-à-dire
à l'âge de seize ans, au King's Theatre de
Londres où son père était engagé, et après y
avoir fait ses débuts, le 7 juin 1825, dans le rôle
de Rosine du *Barbier de Séville*, Maria se rendit, à la fin de 1825, à New-York où, dans une

troupe composée presque exclusivement de son père, de sa mère et de son frère, elle joua les pièces les plus variées, en provoquant par sa jeunesse, sa grâce, sa sincérité, son talent et sa voix déjà remarquablement exceptionnelle, un enthousiasme comme on n'en avait jamais connu jusqu'alors en Amérique.

C'est à cette époque que M. Malibran (François-Eugène), banquier français établi à New-York, alors âgé de cinquante ans, demanda sa main.

On a prétendu que, à cette occasion, Garcia exerça une pression sur sa fille. Or, la vérité est tout autre : c'est Maria qui, impatiente de se soustraire aux brusqueries de son père et qui traversait à ce moment une crise psychologique assez curieuse (elle se disait « fatiguée du théâtre »), c'est elle et elle seule qui voulut ce mariage avec un homme qu'elle croyait riche et qui avait promis de la retirer de la scène en versant à son père, à titre de dédit, une somme d'argent assez considérable.

Une lutte de chaque jour, de chaque instant s'engagea dès lors entre la fille et le père ;

Mais, en fin de compte, ce fut la gamine (elle n'avait à ce moment que dix-huit ans) qui l'emporta ; et le mariage entre Mlle Garcia et M. Malibran fut célébré par le Consul de France à New-York, le 23 mars 1826.

Or, Malibran avait volontairement caché l'état déplorable de ses finances : non seulement il n'avait pas de fortune, mais il était littéralement aux abois ; et, s'il avait désiré l'exquise jeune fille qu'était Maria, il n'en avait pas moins convoité la dot que lui faisait son père. Cette dot ne retarda d'ailleurs que de deux ou trois mois la chute du banquier qui fut déclaré en faillite sans avoir, bien entendu, rempli aucun des engagements qu'il avait contractés à l'égard de son beau-père.

La fureur de Garcia fut si violente en constatant la façon indigne dont sa fille et lui avaient été joués que, craignant les emportements de son caractère, il partit avec sa famille au Mexique en laissant, à New-York, Maria et son mari.

Avec la bonté et la générosité qui la caractérisaient, Maria éprouva à l'égard de son époux plus de pitié que de ressentiment ; et, presque heureuse de pouvoir lui venir en aide, elle réussit à former assez rapidement une nouvelle troupe d'opéra, ce qui lui permit de désintéresser les créanciers les plus impatients. Puis, après avoir donné quelques concerts à Philadelphie, elle se rendit à Paris, sa ville natale, qu'elle « adorait », qu'elle voulait conquérir et où elle espérait gagner rapidement, par son talent, les sommes nécessaires à la réhabilitation de Malibran. Ses espoirs ne furent pas déçus car, au cours d'une représentation donné le 12 janvier 1828 à l'Académie Royale de musique, elle obtint, dans le rôle de *Sémiramis*, un tel succès qu'elle fut immédiatement engagée au Théâtre des Italiens. Bientôt, par sa création ou son interprétation de *Sémiramis*, d'*Othello*, du *Barbier de Séville*, de *Sénérentola*, de *la Gadsolladra*, de *Roméo et Juliette*, etc... elle illustra son nom à tel point qu'à partir de ce moment les directeurs des théâtres lyriques du monde entier allaient se disputer cette artiste déjà célèbre malgré son extrême jeunesse.

Toutefois les triomphes artistiques de Maria ne l'empêchaient pas de songer à son mari et, pour lui venir en aide, elle se privait de tout ce qui n'était pas strictement indispensable à sa propre subsistance et au soulagement des infortunes qu'elle rencontrait sur son chemin.

En 1829, elle partit pour Londres où elle ajouta quelques magnifiques fleurons à sa couronne de cantatrice; puis elle se fit entendre au Théâtre de la Monnaie et aux Grands Concerts de Bruxelles.

C'est vers cette époque que certains de ses amis réussirent à lui montrer l'indigne exploitation dont elle était l'objet de la part des Chastelain, beau-frère et belle-sœur de Malibran, (chez qui elle habitait à Paris, 23, Rue Neuve Saint-Eustache), et de la part de Malibran lui-même qui, loin de songer à désintéresser ses créanciers, menait joyeuse vie à New-York où sa dépravation causait un véritable scandale.

Jeune, jolie, adulée, abandonnée par un mari méprisable, souffrant cruellement de la perte de toutes ses belles illusions, Maria savait résister aux tentations auxquelles expose la vie d'artiste ; et la sévérité de ses mœurs avait défié jusqu'alors toutes les médisances. La comtesse Merlin (1) cite d'elle, à ce sujet, le trait suivant, à l'occasion de la passion d'un de ses admirateurs : « C'est vrai, je crois qu'il m'aime, mais je ne l'aime pas. Je ne veux pas me faire passer pour une héroïne de vertu. Je sais que, jeune, indépendante par mon état, mariée à un homme qui pourrait être mon grand-père et qui est à deux mille lieues de moi, entourée de dangers, je finirai par aimer un jour. Mais alors je ne ferai pas la coquette, je le dirai tout simplement à l'homme qui me plaira, et ce sera une affaire pour la vie ».

Hélas ! Ce moment ne devait pas être éloigné ; car c'est vers cette époque que la Malibran rencontra pour la première fois le célèbre violoniste belge Charles de Bériot.

Ce jeune artiste semblait avoir été comblé par la nature : très beau et distingué, doué des

(1) Comtesse MERLIN : *Madame Malibran*, T. 1, page 98.

dons artistiques les plus rares, célèbre pour sa virtuosité, compositeur remarquable, écrivain, sculpteur, dessinateur, il excita d'autant plus l'intérêt de Maria que, lui aussi, il avait, lorsqu'elle le rencontra, le cœur cruellement meurtri : Mlle Sontag qu'il aimait venait de le repousser ; et elle allait se marier à un autre ! « Un soir (1), ils étaient au château de Chimay ; Bériot venait de jouer dans un concert certaines de ses compositions. Au milieu d'un groupe qui félicitait l'artiste, Maria s'approche de celui-ci, et, pâle, les yeux humides, elle lui prend les mains dans ses mains tremblantes, en lui disant avec une expression indéfinissable : « Je suis bien heureuse de vos succès ». — Merci, merci, lui dit Bériot (tout en écoutant plusieurs autres personnes qui le félicitaient à la fois), et moi je suis bien flatté de votre suffrage. — Mais non, ce n'est pas cela, mon Dieu !... Ne voyez-vous pas que... je vous aime (2) ».

Cet élan romanesque d'un cœur encore

(1) Comtesse MERLIN : Madame Malibran, T. 1, page 99.
(2) *Ibidem.*

vierge devait être gros de conséquences, car
la pure et poétique idylle qui se noua bientôt
entre la Malibran et de Bériot devait fatale-
ment se terminer de façon plus prosaïque.
Les amoureux s'étaient séparés à la suite du
départ volontaire de de Bériot pour la Russie;
mais le jeune homme en revint et... ce qui
devait arriver, arriva.

Pendant ce temps Malibran, après avoir
épuisé ses dernières ressources, était revenu
à Paris où il n'hésitait pas à se livrer à un véritable chantage à l'égard de sa femme. Il fei-
gnit de vouloir exercer ses droits d'époux; et,
pour se débarrasser de lui en lui faisant accepter une séparation à l'amiable, Maria dut lui
consentir des sacrifices pécuniaires considérables.

Elle avait hâte de voir briser légalement son
union; mais il fallut plusieurs années et l'intervention personnelle du général Lafayette pour
qu'un stratagème fût trouvé qui permît de lui
rendre son indépendance. Comme le mariage
avait eu lieu devant le Consul de France,
c'est-à-dire selon la loi française et non celle

des États-Unis, les tribunaux français finirent par se déclarer compétents ; et l'on obtint d'eux un jugement basé sur les considérations suivantes : M. Malibran était établi depuis longtemps en Amérique où il s'était fait naturaliser en renonçant à sa qualité de Français ; par contre, Mlle Garcia était restée Espagnole, bien que née en France, puisqu'elle était issue d'un père Espagnol qui n'avait rien fait pour perdre sa nationalité. Dès lors, le mariage devait être considéré comme nul et non avenu, car le Consul de France n'avait pas qualité pour unir entre eux deux étrangers.

Avant que fût rendu ce jugement auquel se prêta du reste Malibran moyennant de nouvelles sommes que lui versa sa femme, celle-ci avait mis au monde un enfant dont, au prix des plus grandes souffrances physiques, elle avait réussi à cacher jusqu'au dernier moment la naissance prochaine.

Dès que le jugement annulant son mariage avec Malibran l'eut affranchie, et en attendant l'expiration des délais légaux, elle partit avec de Bériot pour l'Italie où Lablache, la célèbre basse et leur excellent ami, les emmenait.

Elle y apprit par l'Ambassadrice de France le décès de son père mort subitement d'une congestion pulmonaire. Comme son engagement au théâtre Valle la forçait à y chanter trois fois par semaine, elle dut paraître en scène malgré sa profonde affliction. Sans doute son chagrin ne fut-il pas étranger à la façon exceptionnellement poignante, paraît-il, dont elle interpréta, en cette circonstance, le rôle de Desdémone.

Peu après, elle devait jouer à Naples. Comme le Roi de Naples avait fait connaître son intention d'assister à la représentation, la Malibran n'hésita pas à lui demander une audience pour le supplier de s'abstenir. « Pourquoi donc, demanda le roi? Je croyais, au contraire, que vous veniez me prier de venir au théâtre ».

— C'est que, Sire, j'ai appris que, lorsque Votre Majesté est là, on n'applaudit que si Elle daigne en donner l'exemple et je crains que...

Car j'ai l'habitude d'être encouragée par le public dès que je parais en scène.

— C'est bien, lui dit le Souverain en riant; je saurai vous encourager ! » Le soir venu, la Malibran se posta entre deux portants et, profitant d'un moment où le roi regardait dans sa direction, elle éleva les deux bras vers lui en faisant semblant d'applaudir pour lui rappeler sa promesse.

Amusé par cette espièglerie et charmé par le talent de l'artiste, le Souverain donna vigoureusement le signal des applaudissements.

Le voyage en Italie, puis en Angleterre, fut triomphal; mais c'est à Venise, lors de son second séjour en Italie, que Maria suscita l'enthousiasme populaire le plus délirant. Pour la mettre à l'abri des manifestations trop exubérantes, on dut mobiliser la troupe. Elle fut comblée de présents ; et, à son départ, la ville de Venise lui fit don d'un magnifique diadème. Elle y avait acquis une extraordinaire popularité, non seulement par son talent mais aussi par les bienfaits qu'elle prodiguait aux miséreux en allant les visiter *incognito* chez eux, et par son originalité qui, plus d'une fois, se manifesta de façon assez tapageuse. Ainsi, en signe de deuil de ce que la ville de Venise subissait à ce moment le joug autrichien, un décret du Gouverneur avait ordonné, sous les peines les plus sévères, que toutes les gondoles seraient uniformément peintes en noir. Or la Malibran, ne voulant pas entrer dans ce qu'elle appelait « un corbillard flottant », n'hésita pas à faire peindre sa gondole en couleurs gaies et voyantes. Pour comble d'audace elle y fit monter, par surprise, le Gouverneur lui-même et cela à la grande joie et aux applaudissements de la foule.

Mme Malibran apprit le 6 mars 1835, avant son départ de Venise, que le tribunal de la Seine venait d'annuler son mariage. Enfin ses vœux les plus chers allaient être exaucés ! Et, le 29 mars 1836, elle put régulariser sa situation en épousant Charles de Bériot, de qui elle eut, par la suite, un fils légitime de même prénom. Les témoins de ce mariage furent Legouvé, le pianiste Thalberg et Rossini. Par une curieuse coïncidence, celui-ci devait être plus tard le témoin de mon propre mariage à l'occasion duquel il traça, sur le registre de l'état civil, à côté de sa signature :

en ajoutant la mention : « Parfait accord ! »

Après avoir passé par Bruxelles, de Bériot et sa femme retournèrent à Londres où les attendaient les éclatants succès des années précédentes...

Maria se trouvait à Manchester. Au cours d'une promenade à cheval sa selle tourna ; elle resta accrochée par le pied à l'étrier et sa tête porta et rebondit violemment sur le sol. Dès qu'on eut réussi à arrêter le cheval qui la traînait, elle se dégagea, sauta sur ses pieds et, le soir même, elle donnait une nouvelle preuve de son énergie en chantant à l'Opéra. Mais, hélas ! une inflammation cérébrale s'était déclarée... Si la pauvre artiste s'était ménagée et sérieusement soignée à ce moment, peut-être aurait-elle pu guérir. Mais elle se fit un point d'honneur de tenir tous ses engagements et cela au prix des plus atroces souffrances. Peu à peu elle s'étiola, et ne se soutint plus qu'à l'aide de violents révulsifs ; son état empira, ses évanouissements se multiplièrent, jusqu'au jour où, persistant malgré tout et contre tous à chanter son rôle devant un public qui ne soupçonnait pas l'affreux drame, elle fut prise en pleine scène de la dernière syncope à laquelle elle ne devait pas tarder à succomber.

C'est ainsi qu'à peine épanouie mais déjà dans la plénitude de ses moyens et parvenue au faîte de la gloire, disparut, à l'âge de vingt-huit ans, la Malibran, l'admirable cantatrice que nulle, sinon sa sœur, ne parvint jamais à égaler...

Malgré la brièveté de sa carrière, la Malibran fut une de ces rares artistes qui ont été divinisées de leur vivant et dont le nom poétisé reste immortel. Elle a été une de ces *divas* privilégiées qui après avoir charmé et fasciné le public par leur génie, continuent à provoquer l'ardent intérêt des générations suivantes.

Pour montrer le deuil dont, à sa mort, furent frappés les amis de l'Art dans le monde entier, je crois ne pouvoir mieux faire que de reproduire ici un extrait de l'article que publia sur elle Mauritz-Gottlieb Saphir, l'un des critiques les plus acerbes, l'un des plus violents démolisseurs de réputations artistiques :

« Une rose a été cueillie et un joyau s'est terni ; un étoile s'est éteinte, un rossignol a cessé de chanter, une couronne de lauriers s'est effeuillée, un génie a disparu pour toujours et toujours : la Malibran est morte ! Elle était une rose dans le jardin de la vie, un joyau au front de la Création, une étoile dans le firmament artistique, un rossignol dans le bocage mélodieux du chant, une guirlande de lauriers couronnant le siècle et un génie de mélodie, de consolation et de joie intellectuelle pour tous ceux qui l'ont entendue. Les anges l'écoutaient chanter en pensant : « Que fait cette pure harmonie dans un monde si plein de discorde ? Comment ces sons divins se sont-ils égarés dans un monde aussi tourmenté ? » et ils l'enlevèrent de ces lieux de discorde pour

la transporter en sa vraie place, au siège de
l'Harmonie Eternelle... L'avez-vous vue ? Elle
était, comme la fleur du grenadier, pleine de
fraîcheur et de feu incandescent. Avez-vous
vu ces yeux profonds comme le firmament,
brillants comme un ciel d'Espagne à l'aube
naissante, avec leurs longs cils crépusculaires ?
Avez-vous vu ces lèvres semblables à un bou-
ton de rose sur le point d'éclore ? Avez-vous
entendu cette voix pure comme un pleur de
pitié, douce comme l'âme d'une vierge, pleine
comme un cœur débordant d'amour, tendre
comme le regard d'un enfant, consolante
comme une sainte bénédiction et inspiratrice
comme le son des cloches qu'apporte la brise
du soir?...

« Elle se trouve aujourd'hui là où il n'existe
que jeunesse éternelle, joie de vivre, art, gloire
et amour, sans limitation de temps ni d'espace ;
et cet admirable et printanier poème n'est des-
cendu sur la terre que pour y apporter un peu
de bonheur à l'humanité, durant l'espace d'un
matin... ».

« Beauté, génie, amour, furent son nom de femme
Écrit dans son regard, dans son cœur, dans sa voix !
Sous trois formes, au ciel, appartenait cette âme,
Pleurez, terre, et vous cieux, accueillez-la trois fois !...

Tels sont les vers de Lamartine que l'on a gravés sur le socle d'une statue de la cantatrice qui se trouve dans un mausolée élevé par de Bériot en souvenir de sa femme à Laeken. La façade de cette petite chapelle est surmontée de l'inscription suivante : *A la mémoire de Maria Félicia Garcia Malibran de Bériot.*

CHARLES DE BÉRIOT

CHAPITRE V

Pauline Garcia, née le 19 juillet 1821, était
de beaucoup d'années la cadette de sa sœur.
Elle possédait tous les dons naturels de Maria
Félicia, mais, contrairement à celle-ci, elle se
montra toujours extrêmement docile et studieuse. Elle n'avait que dix ans lorsque son
père commença à se servir d'elle comme
accompagnatrice à ses leçons ; et c'est en assistant à l'enseignement de Garcia, qu'elle apprit
toute jeune à chanter et reçut indirectement
une instruction musicale complète.

M. Mackinlay affirme qu'elle prit des leçons
de son frère Manuel ; mais c'est là une erreur,

car, après la mort de son père, elle n'eut plus jamais une seule leçon de chant et se borna à écouter les utiles conseils que lui donnait sa mère. Elle devint une élève de Liszt qui voulait, à tout prix, faire d'elle une pianiste. Mais sa mère s'y opposa avec non moins d'énergie parce que, disait-elle, les Garcia étaient une famille de chanteurs et que d'autre part elle était convaincue que sa fille aurait bien plus de succès comme cantatrice que comme pianiste.

Le style de Pauline et la conception de ses rôles furent toujours originaux, impulsifs, créés et façonnés de toutes pièces par son merveilleux génie. Elle possédait le plus magnifique *bel canto*, (chose bien rare de nos jours !) et une remarquable puissance d'expression dont elle avait hérité de son père. La voix de Pauline, pas plus que celle de sa sœur Malibran, n'était ce qu'on est convenu d'appeler une voix fine ; mais son étendue était fort considérable et elle pouvait chanter indifféremment et aussi aisément en soprano élevé qu'en contralto grave. Cette facilité donna lieu à un curieux incident qui se produisit à Berlin où

elle tenait le rôle d'Alice dans *Robert le Diable*,
de Meyerbeer :

Un soir, la cantatrice qui remplissait le rôle
d'Isabella tomba malade. Comme dans cet
opéra, les deux protagonistes ne sont jamais
obligées de se trouver en même temps en
scène, ma mère réussit à changer assez rapidement de costume pour pouvoir tenir les
deux rôles et chanter dans les deux voix durant le reste de la représentation. Ce tour de
force suscita, comme l'on pense, un formidable enthousiasme.

Pauline Garcia débuta à Londres en 1839 ;
et, peu après, elle fut engagée à l'Opéra Italien
de Paris où elle fut portée aux nues par le
public, admirée par les critiques et chantée par
les poètes, au premier rang desquels il faut
citer Musset qui la glorifia, en même temps que
Rachel naissante, par les vers suivants :

Sur les débuts

de Mesdemoiselles Rachel et Pauline Garcia

Ainsi donc quoi qu'on dise, elle ne tarit pas
La source immortelle et féconde

Que le coursier divin fit jaillir sous ses pas ;
Elle existe toujours, cette sève du monde,
Elle coule, et les dieux sont encore ici-bas !

A quoi nous servent donc tant de luttes frivoles,
Tant d'efforts toujours vains et toujours renaissants ?
Un chaos si pompeux d'inutiles paroles,
    Et tant de marteaux impuissants
    Frappant les anciennes idoles ?

Discourons sur les arts, faisons les connaisseurs ;
    Nous aurons beau changer d'erreurs
    Comme un libertin de maîtresse,
Les lilas au printemps seront toujours en fleurs,
Et les arts immortels rajeuniront sans cesse.

Discutons nos travaux, nos rêves et nos goûts,
Comparons à loisir le moderne à l'antique,
    Et ferraillons sous ces drapeaux jalous !
Quand nous serons au bout de notre réthorique,
Deux enfants nés d'hier en sauront plus que nous.

O jeunes cœurs remplis d'antique poésie,
Soyez les bienvenues, enfants chéris des dieux !
Vous avez le même âge et le même génie,
    La douce clarté soit bénie
    Que vous ramenez dans nos yeux !

    Allez ! que le bonheur vous suive !
Ce n'est pas du hasard un caprice inconstant

Qui vous fit naître au même instant.
Votre mère ici-bas, c'est la muse attentive
Qui sur le feu sacré veille éternellement.

Obéissez sans crainte au dieu qui vous inspire,
Ignorez, s'il se peut, que nous parlons de vous.
Ces plaintes, ces accords, ces pleurs, ce doux sourire,
Tous vos trésors, donnez-les nous :
Chantez, enfants, laissez-nous dire.

Alfred de Musset, épris de Pauline Garcia, saisit à ce moment toutes les occasions de lui exprimer son admiration (notamment par des articles qu'il fit paraître dans la Revue des Deux Mondes) ; et, finalement, il la demanda en mariage. Mais Pauline ne pouvait pas sentir Musset et ma grand'mère refusa net son consentement, car elle ne considérait pas comme suffisamment sûre la moralité de ce prétendant. Musset fut froissé de ce refus et en montra du ressentiment. C'est ainsi que Paul Musset, frère et biographe d'Alfred, rapporte, non sans indignation, qu'à cette époque Alfred de Musset « fut fort mal traité par une dame à laquelle il avait cependant rendu des services appréciables. » Cette dame

n'était autre que Pauline Garcia à laquelle
s'appliquent également ces deux poèmes dans
lesquels il reproche à l'Inconnue sa cruauté et
lui fait ses adieux tout en lui déclarant son
amour :

A Mademoiselle ***

Oui, femmes, quoi qu'on puisse dire,
Vous avez le fatal pouvoir
De nous jeter par un sourire
Dans l'ivresse ou le désespoir.

Oui, deux mots, le silence même,
Un regard distrait ou moqueur
Peuvent donner à qui vous aime
Un coup de poignard dans le cœur.

Oui, votre orgueil doit être immense ;
Car, grâce à notre lâcheté,
Rien n'égale votre puissance,
Sinon notre fragilité.

Mais toute puissance sur terre
Meurt quand l'abus en est trop grand,
Et qui sait souffrir et se taire
S'éloigne de vous en pleurant.

Quel que soit le mal qu'il endure,
Son triste rôle est le plus beau.
J'aime encor mieux notre torture
Que votre métier de bourreau.

Adieu.

Adieu ! je crois qu'en cette vie
Je ne te reverrai jamais.
Dieu passe, il t'appelle et m'oublie,
En te perdant, je sens que je t'aimais.

Pas de pleurs, pas de plainte vaine,
Je sais respecter l'avenir.
Vienne la voile qui t'emmène,
En souriant je la verrai partir.

Tu t'en vas, pleine d'espérance,
Avec orgueil tu reviendras ;
Mais ceux qui vont souffrir de ton absence,
Tu ne les reconnaîtras pas.

Adieu ! tu vas faire un beau rêve,
Et t'enivrer d'un plaisir dangereux ;
Sur ton chemin, l'étoile qui se lève
Longtemps encore éblouira tes yeux.

> Un jour tu sentiras peut-être
> Le prix d'un cœur qui nous comprend,
> Le bien qu'on trouve à le connaître,
> Et ce qu'on souffre en le perdant.

Il est intéressant de constater à ce propos que le cœur si facilement inflammable et si versatile de Musset devait être assez sérieusement pris, car, en 1842, c'est-à-dire trois ans après (ce qui, pour Musset, était bien longtemps après !) il parle encore dans ses lettres de « l'ingrate Pauline » en ajoutant : « cette *chère* Pauline, je ne l'aime plus du tout, mais du tout... »

C'est par Louis Viardot, grand ami de la Malibran et qui avait connu Pauline Garcia tout enfant, que celle-ci fut engagée à l'Opéra Italien de Paris qu'il dirigeait à ce moment. Peu après le Directeur demandait la main de l'artiste et se voyait agréé. Celle qui devait ainsi devenir ma mère n'avait alors que vingt ans ; et son mari, (l'un des plus beaux hommes de ce temps), (1) était son aîné d'une vingtaine d'années.

(1) SAINT-SAENS : *l'École buissonnière.*

PAULINE VIARDOT
(Rôle de Norma).

Louis-Claude Viardot, fils d'un magistrat de Dijon réputé autant pour son intégrité que pour son libéralisme, naquit en 1801.

Se destinant au barreau, il étudia d'abord le droit, puis il préféra s'adonner aux lettres dans lesquelles il ne tarda pas à faire autorité tant comme historien que comme critique d'art. Ses principaux ouvrages sont : *Histoire des Maures en Espagne; Souvenirs de chasse;* une *Étude*, en plusieurs volumes, des *Musées d'Europe;* et la célèbre traduction française de *Don Quichotte* illustrée par Gustave Doré.

En collaboration avec George Sand, il fonda le journal *Le Globe* qu'appréciait beaucoup Goethe. Celui-ci disait à Eckermann (1er juin 1826) en parlant de cette feuille : « Les auteurs sont des citoyens du monde, aux idées claires, larges, hautement courageuses. Leur critique est raffinée et délicate, contrairement à celle de l'École allemande qui s'imagine qu'on doit haïr toute personne qui ne pense pas comme vous. Je considère *Le Globe* comme un des journaux les plus intéressants et j'aurais grand' peine à m'en passer . »

Peu après son mariage, Louis Viardot donna sa démission de Directeur de l'Opéra Italien afin de pouvoir se consacrer à la carrière de sa femme qu'il accompagna dès lors dans tous ses déplacements.

Trois grands sentiments emplissaient son cœur : son amour pour sa femme avec laquelle, malgré un écart d'âge appréciable, il goûta durant quarante-quatre années un bonheur conjugal sans mélange (il mourut à l'âge de quatre-vingt-quatre ans) ; sa grande amitié pour Tourguenieff ; et son amour de la peinture.

En art, il était non seulement connaisseur, mais il faisait autorité et sa galerie de tableaux était célèbre (1).

Pour revenir à ma mère, ce serait commettre une superfétation que de s'étendre sur sa biographie. Je me bornerai donc aux quelques précisions que voici :

Née à Paris le 18 janvier 1821, elle reçut, comme je l'ai dit, ses premières leçons

---

(1) Il possédait notamment *L'Echoppe du boucher*, de Rembrandt, qui a fait l'objet, de sa part, d'un don au Musée du Louvre.

de chant de son père qu'elle accompagnait,
ainsi que sa famille, dans leurs tournées artistiques en Angleterre et en Amérique. A New-
York, Bega l'initia au piano dont elle devait,
à Paris, continuer l'étude sous la direction de
Liszt. A la mort de son père, elle se rendit avec
sa mère à Bruxelles et accompagna sa sœur
Malibran dans diverses tournées ; puis, après le
décès de celle-ci, elle joua plusieurs fois dans
des concerts avec son beau-frère de Bériot.
Entre temps, elle ne négligeait pas sa voix
qui se développait de façon remarquable, tandis
que se manifestait déjà en elle une véritable
vocation pour la scène. Ses débuts dans le
rôle de Desdemone, d'Otello à l'Opéra Italien
de Londres, en 1834, furent éclatants et ils
décidèrent de tout l'avenir artistique de la
jeune artiste. Après son mariage avec Louis
Viardot, et toujours accompagnée de son mari,
elle commença ses tournées triomphales en
Angleterre, en Italie, en Espagne, en Allemagne, dans les Pays-Bas et en Russie. Ses
principaux rôles et créations furent : Rosine,
Iphigénie, Roméo (dans *Montaigus et Ca-*

pulets de Bellini), Valentine (dans *Les Hugue-nots*), Lucie, Léonore, Dona Anna, Fidès, la Juive, Alice et Isabelle (dans *Robert le Diable*), Desdemone, Norma, Adine (dans *Don Pasquale*), etc., etc...

On sait que c'est à son intention que Meyerbeer écrivit le rôle de Fidès du *Prophète ;* mais on ignore généralement comment fut composé ce rôle :

Meyerbeer appréciait à sa juste valeur le sens critique de ma mère ; de sorte que, chaque fois qu'elle rejetait, comme ne lui plaisant pas, des passages de cet opéra, il lui apportait deux ou trois versions de chaque morceau afin qu'elle choisît celle qu'elle préférait. S'il n'en avait pas été ainsi, le rôle de Fidès aurait été insipide, ce qu'on ne saurait guère lui reprocher d'être aujourd'hui.

Comparé à celui de sa sœur Malibran de qui la beauté et la grâce juvénile n'avaient pas moins séduit le public que le chant et le talent dramatique, le visage de Pauline aurait manqué de beauté s'il n'avait été éclairé par des grands yeux bruns magnifiques quoiqu'un peu trop

PAULINE VIARDOT

(A l'âge de 75 ans.)

proéminents, qui étincelaient d'intelligence et
d'inspiration et forçaient, en la retenant, l'attention admirative. A la fascination et à l'enthousiasme communicatif qui se dégageaient
de ces yeux, vint s'ajouter progressivement le
charme du plus délicieux des sourires dont la
bonté, la douceur, l'amabilité et la grâce
s'accusèrent chaque jour davantage jusqu'à
l'extrème vieillesse de celle qui fut la triomphante émule de sa sœur.

Car, avec un professeur tel que Liszt et des
maîtres tels que : La Grisi, Rubini, Tamburini
et Lablache, le savoir, le talent et la magnifique voix de mezzo-soprano de Pauline
s'étaient développés rapidement dans l'atmos-
phère du *Bel Canto* qui régnait à cette époque.

Si Maria Malibran était un prestigieux rossignol, capable des tours de force les plus
extraordinaires, Pauline Viardot possédait,
dans un timbre différent, une voix non moins
magnifique et d'un registre non moins étendu.
Si l'une savait jouer son rôle avec une sincérité
qui lui arrachait de *vraies* larmes, l'autre
empoignait son public de façon non moins

vive par la majestueuse beauté de sa voix, par son art dramatique consommé et par le *je ne sais quoi* d'éminemment noble, pur et élevé qui se dégageait de sa personne. L'une était l'Art Lyrique personnifié, l'autre la Tragédie Lyrique incarnée.

Contrairement à l'éclatant papillon multicolore qu'était Maria, Pauline était calme, sérieuse et réfléchie, et ce contraste de caractère entre les deux sœurs ne fit que s'accentuer avec l'âge.

Après s'être produite avec succès dans des concerts sous la direction de son beau-frère de Bériot, elle ne craignit pas de faire ses débuts sur la scène de Londres dans la Desdemone de l'*Othello* de Rossini, rôle qui avait été cependant interprété par la Malibran avec un succès dont le souvenir était encore présent à tous les esprits. Le véritable triomphe qu'elle remporta lui ouvrit la voie de la renommée universelle dont la station la plus importante était Paris. L'enthousiasme qu'elle suscita dans le même rôle au Théâtre Lyrique ne le céda en rien à celui qu'elle avait provoqué à Londres.

C'est sur le conseil que lui donna fort sagement son « Amie vieille », George Sand, (laquelle, comme l'on sait, a fait de Pauline Viardot l'héroïne de son roman *Consuelo*,) qu'elle céda à son penchant très vif pour Louis Viardot, qui fut pour elle, durant plus de quarante années, c'est-à-dire jusqu'à sa mort, le meilleur des époux, le plus dévoué des amis et le plus sûr des protecteurs contre les embûches dont est semée la vie d'une cantatrice célèbre.

« C'est le 4 septembre 1864, — écrivait un critique anonyme qui signa J. P. un article nécrologique paru dans la *Gazette de Voss*, — que je la vis pour la première fois au Théâtre Royal de Berlin dont le directeur Cerf avait obtenu qu'elle viendrait *en représentation*, pour la saison, jouer avec la troupe italienne d'opéra. Elle tenait le rôle d'Amina dans la *Somnambule* de Bellini. Cette soirée fit époque dans ma vie et elle resta gravée de façon indélébile dans mon souvenir.

Au cours de cette saison qui dura jusqu'au mois de décembre, Mme Viardot me donna,

ainsi qu'au cercle de dilettantes et d'artistes
dont je faisais partie, des impressions et des
jouissances artistiques d'une intensité et d'une
beauté que, ni avant ni après elle, les plus
célèbres cantatrices dramatiques n'avaient pu
provoquer chez nous. Ainsi Jenny Lind, « le
rossignol suédois », était venue chanter au
printemps de la même année, comme l'avait
fait quinze ans auparavant Henriette Sontag.
Comme tout le monde, nous avions admiré et
chaudement applaudi le timbre pur et divin de
la voix de soprano de celle-ci, l'émotivité et la
maîtrise de son chant ; mais, lorsque vint Pauline Viardot, tout ce qui n'était pas « Elle »
nous parut exsangue, sans vie et plongé dans
l'ombre. Chaque fois que l'admirable artiste
devait chanter, nous étions dans la salle et
nous buvions littéralement chacune de ses
notes comme un breuvage indéfinissable à la
fois doux, épicé, stimulant, qui révolutionnait
tout notre organisme tandis que nos yeux
avides guettaient et observaient chaque geste,
chaque mouvement du corps, chaque expression du visage, chaque regard de ces yeux

sombres qui savaient, tantôt s'embraser d'une flamme démoniaque, tantôt s'éclairer de la plus rieuse gaîté. Car toujours Mme Viardot était l'incarnation même du personnage qu'elle représentait, qu'il fût tragique ou héroïque, tendre ou comique; et, sous ce rapport, aucune artiste n'est jamais arrivée à l'égaler, pas plus, *à fortiori*, qu'on n'est jamais parvenu à l'égaler dans la maîtrise de l'art du chant.

... Lorsque je la revis à Paris elle étudiait, à la demande de Carvalho, directeur du Théâtre Lyrique, le nouvel opéra de Glück, *Orphée*, dont la profondeur dramatique l'enthousiasmait. Ce fut dans ce rôle d'Orphée que son triomphe dépassa encore tous ceux qui l'avaient précédé; et l'on a pu dire que « Paris fut enlevé par elle comme en un tourbillon ». De 1860 à 1863 elle joua et chanta ce rôle cent cinquante fois, sans se sentir fatiguée et sans que se tiédît l'enthousiasme du public parisien, tant le jeu de l'artiste était toujours divers et tant étaient cependant personnels, impeccablement purs et parfaits son chant et son art dramatique.

Elle interpréta avec non moins de succès le rôle de l'*Alceste* de Glück ; et c'est vers cette époque que Berlioz écrivit d'elle, en lettres d'or (1) :

« Son talent est si parfait, et si diversement varié ; elle évolue sur tant de sommets de l'Art ; elle unit tant de savoir à tant de captivante personnalité qu'elle provoque en même temps l'étonnement et l'émotion profonde. Elle frappe et attendrit, elle s'impose et persuade. Sa voix d'une étendue tout à fait extraordinaire obéit aux vocalisations les plus savantes et, dans les larges récitatifs, elle montre un art dont il n'y a aujourd'hui que bien peu d'exemples. »

... J'ai eu la grande joie et l'insigne honneur d'être l'invité de la famille Viardot dans son hôtel particulier de la rue de Douai ainsi que dans la magnifique propriété qu'elle s'était fait construire aux environs de Baden-Baden. Un jour vint en effet où le vieux républicain qu'était Louis Viardot ne put plus supporter le régime monarchique français et décida de s'expatrier avec sa famille. Quelques années

(1) Je prie le lecteur de m'excuser si la citation ci-après n'est pas littérale, car je n'en possède pas le texte exact.

après éclata la guerre ; et il fallut la chute de
l'Empire, en 1871, pour décider la famille
Viardot à rentrer à Paris... »

Contrairement à tant d'artistes qui, pour
n'avoir pas su se retirer au moment de leur
célébrité, ont perdu leur notoriété et finissent
leurs jours dans l'ombre et la médiocrité, ma
mère cessa de chanter et quitta la scène dès
l'âge de 41 ans à l'époque même de ses plus
éclatants succès, en plein triomphe d'*Orphée*
et d'*Alceste.*

Elle se voua depuis lors au professorat et
vit accourir, de toutes les parties du monde,
des élèves et des artistes désireux de suivre
son enseignement. On peut dire qu'elle se créa,
comme professeur, une notoriété presque aussi
grande que celle qu'elle avait eue comme cantatrice. Sa distinction de femme du grand
monde et le charme qui émanait toujours de
sa personne attirèrent et retinrent près d'elle
jusqu'à sa mort l'élite intellectuelle et artistique du monde entier, cette élite que, comme
artiste, elle avait su naguère grouper si roya-

lement à ses pieds durant ses séjours à Baden-Baden.

Car ma mère était une femme de haute culture. Elle possédait à fond six langues vivantes ; elle écrivait et lisait beaucoup ; elle dessinait admirablement ; elle composait et collaborait (généralement de façon anonyme) à des ouvrages importants. Comment, avec de pareils dons, pourrait-on ne pas occuper de façon intéressante ses loisirs, et ne pas sentir venir la vieillesse avec sérénité ? Jusqu'à la fin, du reste, elle conserva la grande activité intellectuelle qui, dans son enfance, lui avait valu le surnom de « La Fourmi » (1).

On peut dire que la jeunesse de Pauline Viardot fut un long et magnifique triomphe, que sa vieillesse s'écoula placidement, entourée de l'admiration de ses amis, de l'amour de ses enfants et de la vénération de tous. Le seul

(1) Lorsque j'allai la voir, il y a quelques années, je la trouvai en train de donner des leçons à des élèves dénués d'argent qu'elle aidait de cette façon : c'était là sa récréation de tous les dimanches. Je lui lus le passage que le lecteur a en ce moment sous les yeux et elle m'interrompit pour me dire : « Si je suis la Fourmi, toi, ma fille, tu es l'Abeille ». Jamais compliment ne m'a autant touchée.

grand chagrin de ma mère fut la mort de son mari, dont elle fut profondément affectée. Son désespoir fut tel qu'elle tenta de se jeter par une fenêtre et qu'on dut la surveiller pendant de nombreuses semaines. Il lui fallut très long-temps pour se remettre de cette perte cruelle ; mais, en définitive, on peut dire qu'elle eut l'existence la plus facile et la plus heureuse qu'il soit possible de rêver.

Ma mère s'éteignit doucement dans nos bras à l'âge de quatre-vingt-neuf ans, le 18 mai 1910. Deux jours avant sa mort, elle dit tout à coup : « J'ai encore deux jours à vivre ! » (divi-nation analogue à celle qu'eut Tourguenieff !). A partir de ce moment elle ne parla plus ; mais il était évident qu'elle causait avec des personnages imaginaires, car elle souriait et faisait des signes de tète accompagnés de mou-vements des mains. Sans doute des scènes du passé lui revenaient-elles à l'esprit et songeait-elle à ses succès anciens, car le seul mot qui lui échappa fut : « *Norma* », prononcé claire-ment et à haute voix. Elle s'assoupit le soir du deuxième jour dans son fauteuil et, à trois heures du matin, elle s'éteignit sans s'être réveillée, avec du rose aux joues et un sourire heureux aux lèvres.

Ainsi fut couronnée par une mort très douce une belle existence de travail, de succès et de bonheur !

DEUXIÈME PARTIE

SOUVENIRS ANECDOTIQUES

CHAPITRE VI

SOUVENIRS D'ENFANCE

Je naquis à Paris en 1841, un an après le mariage de mes parents, à la grande déception de ceux-ci, car ils avaient espéré un fils. Que de reproches n'ai-je pas eu à subir de ne pas en être un ! et n'est-ce pas là un peu la cause de la facilité avec laquelle on me confiait à ma grand'mère Garcia lorsque mes parents partaient en tournée dans les principales villes d'Europe ? (1)...

(1) Mes deux sœurs Claudie et Marie-Anna vinrent au monde dix et douze ans plus tard, et mon frère Paul, le violoniste connu, fut leur cadet de quelques années.

J'avais cinq ans lorsque mes parents se décidèrent à m'emmener à Saint-Pétersbourg, où ma mère avait un engagement pour la saison d'hiver. Durant tout le séjour en Russie, j'eus la coqueluche (que je communiquai généreusement à ma mère), tandis que mon père était atteint d'une attaque de choléra. Pendant ce temps, Mélanie, ma bonne, me battait comme plâtre, mangeait mon déjeuner en me menaçant du fouet si je la dénonçais ; et les souris rongeaient les boiseries de la chambre en n'interrompant leur bruit terrifiant qu'au moment où un *Moujik* venait allumer le feu. Tels sont mes seuls souvenirs de cette époque.

De Saint-Pétersbourg nous nous rendîmes à Berlin. J'étais déjà folle de musique et, fréquemment, ma mère m'emmenait lorsqu'elle chantait. C'est ainsi que, dès ma plus tendre enfance, j'entendis beaucoup de musique, de bonne musique.

Avant la représentation, j'allais régulièrement voir dans sa loge « mon ami » Tichatcheck, le fameux ténor, qui chantait souvent avec ma mère à l'Opéra Royal de Berlin. Il avait une armoire pleine d'accessoires qui faisait mon bonheur, car, tous les soirs, j'avais la permission d'y puiser et de prendre à mon gré, tantôt un fez, tantôt une toque de page, un casque, un turban, que sais-je encore?... dont je me coiffais fièrement pour regagner notre loge qui, heureusement, était grillée et se trouvait sur la scène. On ne pouvait pas m'y distinguer, mais, par contre, on y entendait souvent les cris et les hurlements que je poussais en assistant au trépas de ma mère que je voyais tantôt tuée dans *les Huguenots*, tantôt brûlée vive dans *la Juive*. Si bien que ma bonne reçut l'ordre de m'enlever et de me reconduire à la maison vers le milieu du dernier acte des opéras où ma mère trouvait une mort tragique. Hélas ! c'étaient les plus fréquents !

Parfois nous étions invités par la **Princesse de Prusse** (qui devint par la suite l'Impératrice Augusta). On me mettait debout sur une table où je devais chanter soit des duos espagnols avec ma mère, soit des solos avec variations, telle « Ah, non giunge » de la *Somnambule*. Puis je jouais à cache-cache avec le Prince

Frederick (le futur Empereur) qui, plus âgé que moi de six ou sept ans, s'amusait parfois à me sortir de ma cachette préférée, sous le canapé, en me tirant par les jambes, tandis que, de chaque côté de l'escalier d'honneur qui donnait accès aux appartements privés, deux somptueux perroquets, juchés sur leur perchoir, poussaient, de joie, des cris assourdissants.

Je me souviens de façon très précise de Meyerbeer et même de ses mouvements et de sa voix ; et je n'oublierai jamais une certaine promenade qu'il me fit faire dans les rues de Berlin. Comme, à un moment donné, je restais pétrifiée devant un étalage de belles choses en chocolat, il me fit entrer dans la boutique et choisir ce que je voudrais. Mon choix se porta sur un pistolet et une vache que je rapportai triomphalement à la maison. C'était l'heureuse époque où j'avais les poches remplies de sel que j'essayais vainement de mettre sur la queue des moineaux pour les attraper. Heureusement qu'à l'âge de six ans nous avons encore quelques illusions !

Après ce séjour à Berlin, ma grand'mère Garcia, qui habitait alors Paris avec son frère et sa belle-sœur, me reprit auprès d'elle, tandis que mes parents repartaient en tournée. Dès ce moment, mon existence devint plus sérieuse, car je ne fréquentais que des grandes personnes et on me faisait travailler ferme, ce qui n'était pas pour déplaire à mon tempérament studieux.

Paolo Sitches, frère de ma grand'mère, m'enseignait à lire et à écrire. Je savais déjà le français et l'allemand, mais pas encore l'espagnol, langue qu'il considérait comme d'autant plus indispensable qu'il n'en parlait pas d'autre. Ce vieil Espagnol, qui avait résidé durant plus de quarante ans à Paris, s'indignait continuellement de la stupidité des gens ; pensez donc ! lorsqu'il commandait une *costilla* dans un restaurant, on ne comprenait pas toujours qu'il désirait une côtelette !

Sa méthode d'enseignement ne manquait pas de *piquant ;* il était assis et moi debout, fortement maintenue entre ses genoux. D'une main culottée par le tabac (il fumait une centaine de

cigarettes par jour) il me montrait les mots
à traduire; de l'autre il tenait une longue
épingle. A la moindre hésitation de ma part il
disait : « Mira que te pincho ! » (Attention, je te
pique !), à quoi je répondais invariablement
« Eh no me pinches ! » (Oh non, ne me pique
pas !). Jamais le brave homme ne s'est servi
de l'épingle...

De six à douze ans je fus mise en pension à
Paris. J'y appris peu de chose et j'y fus malheureuse, car personne ne s'occupait de moi et
je restais à l'école pendant que mes petites
camarades sortaient le dimanche ou les jours
de fête. Toutefois, une tante paternelle m'invi-
tait à passer une journée chez elle tous les
trois ou quatre mois. C'était une bonne vieille,
mais son amour des bêtes était ridicule : un
couple de tourterelles voltigeait dans tout
l'appartement, laissant partout des traces de
son passage, même sur les aliments ; elle avait
un perroquet criard et un vieux carlin, malo-
dorant et gros à crever ; enfin le plancher était
jonché de soucoupes contenant de la mie de
pain trempée dans du lait à l'usage des souris,

CHARLES GOUNOD

dont le nombre s'accrut à tel point que le propriétaire finit par donner congé à sa locataire.

A l'âge de treize ans, je rentrai définitivement chez mes parents qui, en été, habitaient leur domaine de *Courtavenel* en Brie et, en hiver, leur hôtel particulier de la rue de Douai, où se réunissait la fleur de la société et du monde artistique et littéraire. Que d'observations intéressantes pour ma jeune intelligence j'y ai faites !

Mais on m'élevait selon des principes rigoureux, et je ne voyais guère mes parents qu'aux heures des repas. Mon père était stupéfait lorsque je redemandais d'un plat ; et comme le second service m'était généralement refusé, je calmais ma faim en mangeant du pain entre les repas. Jamais je n'aurais osé parler sans qu'on m'interrogeât. Tous les soirs, au moment où l'on passait au salon, huit chiens de chasse, « la meute », arrivaient au petit trot, d'un long couloir qui menait du jardin. Ils venaient dire bonsoir ; mais eux aussi étaient stylés ! Toujours dans le même ordre, ils venaient chercher une caresse de chacun de nous et, toujours

dans le même ordre ils s'en allaient en trot-
tinant.

A huit heures précises, mon tour arrivait et,
debout près du piano, je devais chanter, accompagnée par ma mère, l'air suivant de Taubert :

Un fusil scintillant ; Un coursier caparaçonné ;
Un sabre de bois. Que faut-il davantage ?
    Tradum, tradum, tradum, didum, didum,
        Tradum, au lit mon camarade !

A ces dernières paroles, je devais faire demi-
tour par principe et partir raidement du pied
gauche.

Non pas que mon père fût méchant ! Mais il
était froid et sérieux (ce qui ne l'empêchait
pas, du reste, de savoir rire aux larmes d'une
bonne plaisanterie) ; et il inspirait le respect à
tout son entourage. Toujours il s'est montré
strict à mon égard au point que j'éprouvais une
gêne en sa présence et que je subissais une sorte
de contrainte irraisonnée. Comme il n'aimait
pas à sortir, mes parents menaient une existence
assez casanière ; mais, lorsque ma mère chantait quelque part, son mari l'accompagnait

toujours, car mon père aimait passionnément la musique (quoiqu'il préférât Mozart et ne comprît pas Beethoven). Bref, mon existence n'était pas bien gaie en présence de mon père.

Il est vrai que je me rattrapais après les repas, lorsque montée sur mon grand cheval à bascule, je partais en guerre, armée de pied en cape, avec mon bouclier, mon épée et ma lance. Et puis ! il y avait la grande cour d'honneur et les communs où se passaient des choses intéressantes : le concierge y laissait courir sa poule, son canard, son chat et son lapin ; et rien n'était drôle comme les ébats de ces animaux. Parfois la poule se perchait sur le chat endormi tandis que le canard s'asseyait gravement sur le dos du lapin. Chaque matin un cheval d'une étrange couleur bleu foncé faisait son apparition dans la cour. C'était le cheval gris-clair de ma mère, que le cocher avait frotté d'indigo et qu'il faisait sécher avant de gratter et de laver la coloration artificielle qui devait faire paraître encore plus blanche la robe de l'animal. Ce même cocher avait une autre

manie qui occupait ses loisirs : il brodait pour
sa femme de somptueux et magnifiques ju-
pons...

Telles étaient, à peu près, mes seules distractions, car je profitais de l'incurie des bonnes à qui
j'étais confiée pour travailler le plus possible.
Je lisais tous les ouvrages français et allemands
qui me tombaient sous la main et, brûlant du
désir de savoir lire les classiques dans leur
langue d'origine, j'avais appris déjà, toute
seule, l'alphabet grec.

L'idée me vint un jour qu'il était honteux de
perdre tant de temps dans le sommeil et je
résolus de dormir moins. Pour y parvenir, je
m'attachais un pied à l'aide d'une ficelle aux
barreaux de mon lit. Le moindre mouvement
me réveillait et je me levais alors pour me
remettre à l'étude de la technique de quatuors
ou à celle de partitions. Mais bientôt je perdis
tout naturellement le bon sommeil de la jeunesse et il en est résulté que durant toute mon
existence j'ai souffert de cruelles insomnies. A
ce sujet il peut paraître singulier qu'une gamine ait la passion d'étudier des partitions :

mais, après tout, cela n'est pas plus étrange que de la voir en composer avec succès...

Un vieil ami de ma grand'mère, Espagnol lui aussi, Señor Torre Morrell, fut chargé de m'initier aux mystères du solfège. Il s'y prit de la façon ingénieuse que voici : A la quatrième ou cinquième leçon il me donna un crayon et une feuille de papier en me disant : « En g. majeur ». Au même moment il ouvrit la fenêtre et fit un signe à un joueur d'orgue posté sur le trottoir d'en face, qu'il avait engagé pour mes leçons. La musique commença et j'en écrivis ce que je pus : d'abord il y eut bien des blancs sur ma feuille, mais, peu à peu, je réussis à tracer la mélodie ; et, après quelques leçons, je pus écrire couramment *d'oreille* et les airs et les accompagnements. Je suis encore reconnaissante à mon vieux professeur de cet enseignement pratique.

Lorsque j'apprenais le piano, je trouvais fastidieuses les leçons de ma maîtresse et, pour m'en affranchir, tantôt je me coupais un doigt, tantôt je versais de l'eau dans le piano. J'avais à peine treize ans lorsqu'on me mit entre les mains de Louis Lacombe, dont le premier soin fut de m'atteler aux sonates de Beethoven. Il commença par me jouer lui-même une de ces sonates en me disant de l'étudier de mon côté. Lorsqu'à la leçon suivante j'exécutai ce morceau, il s'écria : « Mais vous ne m'avez donc pas écouté! J'ai joué tout à fait différemment. » — C'est vrai, répondis-je, mais je n'ai pas aimé votre interprétation ; la mienne est tout à fait autre. » Cette outrecuidante répartie d'une fillette de treize ans fut rapportée à ma mère qui, sur ma prière, me laissa libre dorénavant d'apprendre le piano à ma guise. A partir de ce moment, je fis de réels progrès.

J'appris le chant en écoutant les leçons de ma mère ; et, plus tard, je reçus d'elle quelques enseignements dont je tirai grand profit malgré leur extrême sévérité qui, parfois, me faisait pleurer... tout en chantant, telle ma tante Malibran.

Barbereau qui, à ce moment, jouissait d'une grande réputation, m'enseignait la théorie. Après avoir parcouru les mélodies et les morceaux de piano que j'avais composés, il s'écria :

« C'est bien et il n'y a pas une seule faute. Mais maintenant, ma petite, il va falloir comprendre pourquoi il n'y a pas de fautes et me l'expliquer techniquement. » Avec son aide, j'y réussis ; et lorsque j'eus terminé l'étude de l'harmonie et de la basse, il jugea complète mon instruction musicale et me dit : « Maintenant tu peux continuer à composer ; mais reste toi-même et tâche d'oublier tout ce que je t'ai enseigné ! »

Les mauvaises leçons de piano et les quelques bonnes leçons d'harmonie que j'ai reçues ont constitué toute mon instruction musicale, ce qui ne m'a pas empêchée de remporter de grands succès comme compositeur.

Je constate simplement ce fait sans y mettre aucune sorte de vanité et en m'étonnant moi-même de n'avoir jamais rien pu apprendre de leçons régulières. Lorsque, plus tard, dans ma vie, je voulus m'initier à l'art de la gravure, je me bornai à observer mon maître à qui je laissais le soin... de faire tout le travail ; au bout de trois mois, j'en savais assez pour collaborer à une grande Revue illustrée. Ce que les autres ont appris par des professeurs, je l'ai appris par moi-même : langues mortes et vivantes, histoire, littérature, philosophie, etc... et ma seule aide en orchestration a été le *Traité d'instrumentation* de Berlioz. Cette méthode de travail a pour avantage de ne pas porter atteinte à la personnalité; mais, par le fait qu'on est autodidacte, on ne peut, sa vie durant, se recommander du nom d'aucun professeur notoire et lorsqu'on apparaît en public, on n'est soutenu par aucune coterie.

J'étais malheureusement encore trop jeune à ce moment pour apprécier utilement les personnes et les faits. Je me rappelle cependant qu'un jour on m'emmena au Panthéon où mon père, à cette époque garde national, était en faction. Je le trouvai à cheval, en train de lire tranquillement son journal qu'il avait déployé sur l'encolure de sa monture. C'est ainsi qu'on montait la garde sous Louis-Philippe !... Je caressais son cheval, lorsqu'il s'écria : « Tiens, tu vois cet homme qui passe là-bas, c'est Béranger ! » Je ne me souviens que d'une haute silhouette vêtue d'une redingote et coiffée d'un

chapeau haut-de-forme tronqué, à bords larges
et plats.

Une autre fois, on m'emmena voir la Princesse Czartoryska qui habitait l'île Saint-Louis.
Je rencontrai chez elle et y entendis pour la
première fois Chopin dont le jeu me fit une
très grande impression. J'ignore ce qu'il joua ;
mais lorsque je sortis de la maison, j'étais
comme hypnotisée. Jamais je n'oublierai l'effet
qu'il me produisit ; et je le vois encore, assis
au piano, avec son visage pâle, fin et morbide.
Plus tard je l'ai beaucoup connu et j'ai entendu
bien des histoires sur son étrange tempérament
et sur son humeur capricieuse qui le rendaient
d'un commerce si difficile que même George
Sand finit par ne pas pouvoir les supporter.

Un de mes premiers amis fut le peintre hollandais Ary Scheffer qui, bien qu'établi depuis
assez longtemps à Paris, était resté idéaliste.
Son exécution n'était pas adéquate à la beauté
de sa conception. Il a fait des portraits, quelques
tableaux de genre et laissé quelques œuvres
importantes dont certaines seraient fort belles
si le coloris en était moins pauvre.

Sous un extérieur fruste, il possédait un esprit noble et un cœur d'or ; et c'est grâce à lui que j'ai appris à penser clairement et avec justesse car, avec son inépuisable bonté et son inlassable patience, il discutait tous les sujets avec moi en cherchant à développer mes facultés intellectuelles. Pendant une des longues absences de mes parents, je fus, à l'école, atteinte d'une inflammation pulmonaire. Aussitôt cet excellent homme me transporta chez lui où personnellement, il me soigna nuit et jour.

Son hospitalière maison était, du reste, ouverte à tous ceux qui aimaient l'Art, les Sciences ou les Lettres et elle était le rendez-vous de l'élite intellectuelle de l'époque. Ary Scheffer adorait la musique et souvent il m'en faisait faire pendant qu'il travaillait à sa peinture.

A mon immense chagrin, il mourut d'une affection cardiaque, en laissant une fille unique, Cornélie, qui hérita de ses nobles qualités et fut, depuis mon enfance, ma meilleure amie. Qu'il me soit permis de citer ici un exemple de son héroïsme :

Pendant la guerre franco-allemande de 1870, elle avait, aidée par son mari, le docteur Marjolin, chirurgien français, transformé l'immeuble dont elle avait hérité de son père en un hôpital où tous les malades étaient soignés avec une égale sollicitude, sans distinction de nationalité ni d'opinion.

Vint la Commune. Une bande de sans-culottes envahit à l'improviste l'avenue donnant accès à l'hôpital et bouscula violemment François, le fidèle serviteur, qui tentait de s'opposer à son passage. Attirée par le tumulte, Cornélie vint s'enquérir de sa cause. Elle fut accueillie par les cris de : « A mort ! A mort ! Y a des Prussiens ici ! — Ça ne vous regarde pas, répondit-elle calmement, et vous n'avez rien à voir ici. Allez-vous-en, mes amis. — La porte ! ouvrez la porte ! enfonçons la porte ! — Non ! vous ne passerez pas ! — A mort ! A mort ! tuons-la ! — Hé bien, dit-elle, en se croisant les bras sur le seuil de l'entrée, tuez-moi si ça vous amuse, car, moi vivante, personne ne passera ! »

L'air de froide résolution de Cornélie en

imposa aux Communards. Ils se regardèrent, haussèrent les épaules, se mirent à rire et, goguenards, se retirèrent lentement.

Or, parmi les malades en traitement à ce moment, il y avait justement un officier allemand dont le sort n'eût pas été douteux. Craignant pour la vie de son hôte, madame Marjolin dit à François : « Je compte sur vous ! Vous allez tâcher de faire passer la frontière à l'Allemand. Si vous y réussissez, j'assurerai pour le reste de vos jours votre sort et celui de votre femme et de vos enfants. »

Déguisés en paysans, l'officier et le domestique s'échappèrent de Paris le soir même et ils purent franchir sans encombre la frontière belge. François accepta avec gratitude les cadeaux et la rente dont il fut l'objet; mais tel était son attachement à ses maîtres, qu'il refusa de quitter leur service.

Hermann Müller-Strübing était un autre de mes « amis » d'enfance. Exilé d'Allemagne par suite de sa participation à la révolution de 1848, il s'était réfugié à Paris où il gagnait sa vie en donnant des leçons d'allemand. Mes parents s'étaient intéressés à lui et ils l'invitaient, l'été, à *Courtavenel*. C'est là que, grâce à lui, j'appris à apprécier Homère qu'il me traduisait à livre ouvert en me signalant les beautés de l'Iliade et de l'Odyssée.

Müller-Strübing était un géant blond doué d'une extraordinaire force musculaire. Ainsi, je me souviens qu'il s'amusait à me mettre debout, toute raide sur sa main, et à me soulever à bras tendu à la hauteur de son épaule. Mais je me demandais pourquoi son front était toujours couvert de sueur et pourquoi ses mains tremblaient si fort. J'en eus l'explication quelques années plus tard en apprenant que le malheureux venait de mourir à Londres, dans une profonde misère, victime de l'acool auquel il s'adonnait depuis longtemps.

Parmi mes autres bons « amis » il y avait aussi l'historien Henri Martin, avec qui je discutais, à son grand amusement, de sujets tels que l'éternité et la transmigration des âmes... C'était un homme de grande distinction et de haute culture, partant indulgent pour les jeunes intelligences. Mais, mon Dieu ! qu'il était donc emprunté et maladroit dans ses mouvements ! Tout ce qu'il touchait, il le brisait ou le renversait, et, à *Courtavenel* où il était fréquemment l'invité de mes parents, il lui arrivait constamment des accidents. Jamais nous n'avons pu lui apprendre à tenir une queue de billard : tantôt il crevait le drap, tantôt, à notre grande joie, la queue lui rebondissait sur le nez. Nous l'aimions beaucoup et, jusqu'à sa mort, il fut un de nos meilleurs amis.

Au moment du coup d'État du 2 décembre 1851, pendant les massacres sur les boulevards où la cavalerie ivre tirait sur les passants inoffensifs, Henri Martin, craignant qu'on perquisitionnât chez lui et qu'on l'arrêtât, vint nous demander à passer la nuit chez nous, avec ses deux petits garçons qu'il avait amenés. « J'ai pris, du reste, mes précautions », dit-il en tirant de sa poche une paire de chaussettes de rechange. Nous étions en train de rire de cette boutade lorsqu'un commissaire de police se fit annoncer. C'était *chez nous* qu'on venait perquisitionner ! Martin se débarrassa aussitôt

de ses fameuses chaussettes qu'il glissa dans
un fauteuil, par peur qu'on les trouvât sur lui
en le fouillant; puis commença la recherche de
personnes suspectes, d'armes cachées et de
papiers compromettants. Pas une pièce, pas
un placard, pas un meuble, pas un tiroir ne
furent épargnés. Les policiers ne trouvèrent à
emporter que deux lettres enfermées dans le
bureau de mon père : l'une de Manin, l'autre
de Kossuth. Quant à la nombreuse correspondance politique de George Sand que possédait
ma mère, elle passa inaperçue parce que Sand
avait l'habitude de signer *Ninon* lorsqu'elle
écrivait à mes parents.

Mais, de tous mes « amis », le meilleur fut
assurément Charles Gounod.

Je n'avais guère que huit ans, lorsqu'il fit
sa première visite à sa mère à qui il apportait
une lettre d'introduction. Il venait lui jouer ses
compositions et lui demander des conseils sur
sa carrière. Comme pareille chose arrivait à
peu près une fois par semaine, ma mère s'arma
de patience en disant : « Bah ! il n'y en a que
pour une demi-heure ! » Mais la demi-heure

ne dura pas moins de deux heures, et lorsque le jeune compositeur s'en alla, je me rappelle ces paroles de ma mère : « Ah mais ! celui-ci ce n'est plus la même chose ! Il a vraiment un grand talent ».

Gounod voulait se faire moine. Son amour de la musique était un obstacle à sa vocation, mais lorsqu'il vint chez nous, il hésitait encore entre l'Opéra et le Couvent. C'est ma mère qui lui fit prendre une décision, et c'est grâce à elle qu'il n'eut pas à s'en repentir. Comme l'engagement de ma mère à l'Opéra de Paris était sur le point d'expirer mais devait être renouvelé, elle mit comme condition à sa signature qu'un opéra de son jeune protégé serait donné, dans lequel elle tiendrait le rôle principal. C'est ainsi que Gounod composa et vit jouer son premier opéra, *Sapho*, œuvre très inégale mais qui contient déjà beaucoup de belles choses.

Gounod fut mis *au vert* à *Courtavenel* où, aidé des conseils de ma mère, il **y** médita et prépara son *Faust*, à propos duquel il lui écrivait, par la suite, la lettre ci-après (pp. 90-91).

Très jeune encore, il jouait beaucoup avec

moi pendant les vacances que je passais au château ; et c'est, généralement à cheval sur ses épaules, qu'au cours de nos longues promenades je l'écoutais discourir d'art et de musique, avec d'autres personnes. Il m'enseignait l'annotation musicale et stimulait mon amour pour la musique. Plus tard, lorsque mes moyens furent arrivés à maturité, je lui apportais toutes mes compositions pour qu'il les critiquât. Jamais il n'a consenti à changer une seule de mes notes, mais, par contre, il m'a toujours prodigué des conseils d'ordre général qui m'ont été de grand secours. Cet excellent ami m'a sans cesse témoigné la plus affectueuse sympathie et il s'est constamment intéressé à mes progrès et à mes œuvres.

Chaque jeudi il y avait chez nous une soirée musicale à laquelle assistaient tous les artistes et littérateurs en renom : Ary Scheffer, E. Delaroche, Corot, Berlioz, Stockhausen, Saint-Saëns, Godard, Wienawsky, Vieuxtemps, Léonard, Ernst, de Bériot, Gounod, Ambroise Thomas, Massenet, César Frank, Damcke, Lalo, Gustave Doré, Frederick Leighton, Renan,

VILLE DE PARIS.

ÉCOLES COMMUNALES

DIRECTION
DE L'ORPHÉON.

Paris, le

Madame,

Veuillez me permettre d'offrir à
l'amie et à la protectrice de
mon passé l'hommage de
mon présent avec celui de ma
plus respectueuse et constante
admiration : je serai heureux
et reconnaissant de savoir chez
vous et sous vos yeux quelques
unes des pages qui ont pu vous
intéresser et vous émouvoir dans

Mon dernier ouvrage que ma
pensée rattache comme tous les
autres aux premiers pas que je
vous dois.

Votre très humble et respectueux
serviteur

Ch. Gounod

Rudolph Lindau, Flaubert, Tourgenieff, Ponsard, Bonnat, Carolus-Duran, Dickens, Jules Simon, Henri Martin, George Sand, Comtesse d'Agoult, le vieux prince Czartorysky (que les Polonais considéraient comme leur roi légitime et qu'ils qualifiaient de « Majesté ») et tant d'autres dont les noms m'échappent.

Dans cette foule il y avait quelques originaux qui nous amusaient follement ; la vieille comtesse d'H....., notamment, qui entrait dans des colères bleues lorsque quelqu'un s'était permis d'occuper son fauteuil favori, au coin du feu. Elle posait pour aimer beaucoup la musique ; mais, généralement, elle s'endormait profondément dès les premières notes ; puis, se réveillant en sursaut, elle se mettait à applaudir à tout hasard, de ses mains toujours recouvertes de gants blancs en filoselle dont les bouts trop longs étaient rembourrés de coton.

Son amie intime, la comtesse de Ch..., était encore plus ridicule : telle une Muse, cette vieille toquée portait des robes de fillette ; ses cheveux, dans lesquels s'entremêlaient des thyrses de lilas, lui tombaient en longues boucles sur les épaules ; et chaque mot qu'elle prononçait était digne des *Précieuses Ridicules*. Jamais elle ne voyageait sans un médecin ; et elle avait une telle peur des tunnels qu'à leur approche elle se faisait chloroformer. Un jour qu'elle ne trouva pas de médecin pour l'accompagner, elle fit le voyage de Nice à Paris dans une péniche à charbon !

Ces soirées musicales étaient pour moi une véritable torture. Je jouais déjà fort bien du piano et, comme on savait qu'on pouvait se fier à moi pour tout ce qui avait trait à la musique, on me faisait exécuter un trio ou un quatuor avec les artistes les plus célèbres. Certes, j'aurais été heureuse de tels partenaires et fière de me produire devant un auditoire aussi distingué s'il m'avait été permis de jeter un simple coup d'œil sur les partitions. Mais ma mère était inexorable : j'étais appelée au piano ; on plaçait la musique devant moi et, bon gré, mal gré, il fallait déchiffrer à première vue. Evidemment, c'était là un excellent enseignement pour une bonne musicienne, mais il m'était pénible et je le trouvais draconien.

CHAPITRE VII

Tous les dimanches, j'avais le rare privilège d'entendre, chez notre amie Troubetzkoy, le fameux quatuor de Maurin. Ce quatuor s'était fait une spécialité des dernières et plus difficiles œuvres de Beethoven. Longtemps, le violoniste Maurin, le violoncelliste Chevillard (père du chef d'orchestre actuel) et deux autres artistes s'étaient réunis chaque dimanche matin dans une mansarde où, en bras de chemise, ils avaient travaillé d'arrache-pied à la compréhension et à l'exécution de ces œuvres. Ce n'est qu'après plusieurs années d'étude qu'ils se produisaient en public.

Mon cher Ary Scheffer aimait beaucoup la musique, comme je crois l'avoir dit ; et, souvent, des concerts étaient donnés dans son atelier. Maurin vint lui demander la permission de faire jouer son quatuor chez lui, ce à quoi le peintre consentit volontiers, et le concert eut lieu devant un auditoire restreint mais choisi. De ma vie, je n'ai entendu pareille grandeur de conception ! Malheureusement Maurin avait un instrument de qualité inférieure, ce qui le rendait fort malheureux. Ary Scheffer, avec sa générosité habituelle, lui fit présent d'un violon de très grand prix. Dès lors le quatuor fut prêt à se produire en public et bientôt il devint célèbre.

La princesse Troubetzkoy dont j'ai cité le nom tout à l'heure était la mère de mon amie qui, par la suite, épousa le prince Orloff, ambassadeur de Russie à Paris. Depuis vingt ans la vieille princesse était paralysée et la musique était devenue sa seule distraction.

Puisque j'ai mentionné le Prince Orloff, j'aimerais à raconter en passant un singulier épisode de sa vie :

Pendant la guerre de Crimée, où, comme général, il exerçait un commandement, il fut laissé pour mort sur le champ de bataille. Un soldat le trouva, le chargea sur ses épaules et le ramena dans les lignes russes, à travers une grêle de balles. Le prince était grièvement blessé ; il n'avait pas reçu moins de dix-sept projectiles, dont un dans l'œil. Lorsqu'il apprit l'histoire de son sauvetage, il fit rechercher dans tout le camp le courageux soldat à qui il devait la vie, mais jamais celui-ci ne se fit connaître.

Malgré son bandeau noir sur l'œil et son poignet mutilé, le prince Orloff sut gagner le cœur de la jeune et charmante jeune fille qu'était la princesse Catherine Troubetzkoy.

Pour en revenir aux matinées données chez la mère de celle-ci, bien des grands musiciens s'y faisaient entendre, tels Rubinstein, ma mère et madame O'Meara, une remarquable élève de Chopin qui s'était créé une réputation à Paris. Il y avait aussi une pianiste allemande, Wilhelmina Claus, aux longues boucles blondes qui, plus tard, épousa l'écrivain

Szarvady. Elle avait beaucoup de talent ; mais jamais elle ne réussit à posséder l'art de jouer par cœur.

A la répétition générale d'un concert qu'elle donnait un jour à Bordeaux, elle dut s'interrompre parce que quelque chose clochait à l'orchestre : « Les instruments à vent ne jouent pas », dit-elle au chef d'orchestre. — Ça n'a pas d'importance, répliqua celui-ci, ce ne sont que des comparses ; mais, soyez tranquille, les vrais exécutants seront là ce soir... »

Parmi nos relations, il y en avait d'autres que je ne saurais passer sous silence :

Daniel Manin, le dernier Doge de Venise, qui avait réussi durant quelque temps à affranchir sa Ville du joug autrichien et qui, exilé politique, gagnait difficilement son pain et celui de sa fille en donnant à Paris des leçons d'italien.

Sa fille qu'il chérissait tendrement était épileptique et elle endurait de si atroces souffrances qu'elle suppliait constamment son père de la tuer. L'état de la pauvre malade empirant de plus en plus, Manin prit le parti de mettre fin à ses misères, et, de sa propre main, il la poignarda. Peu après il mourait lui-même de chagrin. (On lui a élevé un monument à Venise, près de la basilique.)

Lorsque George Sand parvenait à s'arracher aux charmes de son cher Nohant, sa première visite était toujours pour nous. Cette petite femme aux beaux yeux éclatants et scrutateurs ne parlait que peu et restait tranquillement assise à fumer sa cigarette. Si une visite entrait qu'elle ne connaissait pas, elle ne desserrait pas les lèvres. « Qui donc était cette petite dame si effacée que j'ai aperçue chez vous? nous demandait-on parfois. — C'était madame Sand. — Ah! par exemple! et moi qui n'ai pas cessé de jacasser! »

Jusqu'au jour de sa mort, George Sand a correspondu régulièrement avec ma mère et avec moi-même. Parmi ses lettres il en est une qui me semble particulièrement intéressante au point de vue de la vie privée de l'auteur, car il est assurément piquant de voir Chopin, Delacroix et Sand demeurer ensemble et travailler sous le même toit (1) :

(1) Autographe inédit.

Je me plains de l'abandon trop absolu où vous laissez vos amis. J'approuve fort votre retraite dans la vie de famille, seul et dernier refuge de la liberté de l'âme.

J'embrasse tendrement et chéris éternellement ma fifille grande et bonne et nous nous réunissons tous trois pour vous envoyer à tous deux, ainsi qu'à vos chers enfants nos meilleures amitiés de cœur.

G Sand.

Nohant 11 avril 63.

Berlioz demeurait tout près de notre hôtel ; il venait journellement épancher son cœur et chercher chez nous un peu du calme que l'humeur acariâtre de sa femme ne lui laissait pas chez lui. De santé débile, il était de tempérament excessif : tantôt exalté à l'extrême, tantôt profondément déprimé, il avait ses « humeurs diaboliques » où il y fulminait avec rage contre les artistes, les compositeurs, le public, la vie, l'univers entier. Personne ne pouvait en venir à bout à ces moments-là.

Quoiqu'il ne connût que la guitare et le flageolet, il savait indiquer à chaque musicien de l'orchestre la façon dont il devait jouer de son instrument. Comme il ignorait le piano, il venait régulièrement nous apporter ce qu'il avait composé pour orchestre. Nous exécutions le morceau en duo, ma mère et moi, l'une figurant les instruments à cordes, l'autre ceux à vent. Pauvre petit rien que j'étais alors, combien de fautes de basse n'ai-je pas relevées et eu l'aplomb de signaler au compositeur !

On a qualifié Berlioz de « dilettante inspiré »,

ce qui est une appréciation fausse. Il ne saurait être question de dilettantisme lorsqu'il s'agit de Berlioz. Tout au plus, pourrait-on traiter son style *d'étroit* par manque d'entraînement et d'instruction musicale fondamentale. Son père, qui était chirurgien, lui fit faire ses études en médecine ; mais le jeune homme avait une telle horreur de l'anatomie que, au cours de dissection, il se sauvait régulièrement en sautant par la fenêtre. Finalement, il renonça à ses études pour s'adonner à l'art qu'il aimait tant ; en très peu, en trop peu de temps, il obtenait le Prix de Rome.

Je n'ai jamais connu quelqu'un qui possédât une ouïe aussi sensible que la sienne : la moindre déviation de la note correcte le faisait bondir (ce que le pauvre homme a dû souffrir dans sa vie !) ; et son culte pour la musique fut souvent mis à de cruelles épreuves :

Un jour qu'il arrivait chez nous fort maussade, quelqu'un lui demanda : « Qu'est-ce qui se passe donc encore ?.. — Figurez-vous, racontat-il, que ce matin un individu s'est présenté chez moi, accompagné d'un gamin à l'air parfaitement idiot : « J'ai essayé de faire apprendre à mon fils plusieurs métiers, me dit-il, mais il n'y a pas eu moyen, car le petit nigaud ne comprend rien. Comme je ne sais plus à quel saint le vouer, je viens, faute de mieux, vous prier de faire de lui un musicien. » « N'est-ce pas à hurler ! » ajouta Berlioz... et il hurla...

Rossini nous rendait souvent visite et nous allions chez lui. Je vois encore ce vieux monsieur dans son cabinet de travail, avec sa robe de chambre, ses pantoufles et un mouchoir colorié roulé en turban autour de la tête. Il était courtois, aimable et avait l'air imposant malgré un léger tic nerveux d'un œil. Tout autour de la pièce étaient accrochées, sur de longs bâtons, ses perruques, celles de tous les jours, comme celles de grand gala ; et la muraille était ornée d'une belle panoplie d'instruments de musique, au centre de laquelle se détachait un appareil médical... cher à Molière, « le meilleur de tous les instruments », disait Rossini. »

On sait que Rossini était un fin gourmet qui

aimait à cuisiner lui-même et à inventer des mets ; aussi ses dîners étaient-ils fort recherchés. C'était un charmant convive jusqu'au moment où quelqu'un avait le malheur de parler de Wagner, de qui il suffisait de prononcer le nom pour le mettre en colère. Il avait suffi, aussi, du succès de Meyerbeer pour lui faire abandonner la musique dont il ne savait ni comprendre ni apprécier les tendances nouvelles. Il trouvait laide et dénuée de sens cette musique si différente de la sienne. « Sais-tu quel effet me produit Wagner ? — me demanda-t-il un jour. Tiens ! la voici la Musique de l'Avenir ! » Au même moment, ouvrant le piano, il s'asseyait lourdement sur le clavier.

Son idole était Mozart. Il vint un jour chez nous pour voir le manuscrit de *Don Juan* qui appartenait à ma mère (elle en a fait don de son vivant à la bibliothèque du Conservatoire de Paris). Dès qu'il eut tourné la première page de la partition, il s'agenouilla, baisa avec ferveur le feuillet et s'écria : « C'est Dieu lui-même ! » Et, certes, dans cette exclamation, il n'y avait pas d'affectation : c'était simplement un cri arraché à son admiration.

Malgré sa malice, Rossini fut, une fois, bien penaud. Cela se passait à Londres où il avait suivi mon grand-père dans l'espoir de gagner des tas de belles guinées d'or. Comme il était déjà fort connu, une délégation de musiciens anglais vint à sa rencontre. Mais Rossini n'avait qu'une piètre opinion du talent musical des Anglais ; de sorte que, pendant qu'on lui adressait un beau discours de bienvenue auquel il ne comprenait du reste pas un traître mot, il s'inclinait courtoisement de temps à autre tandis que ses lèvres murmuraient quelque chose comme : « Il'm siete porchi, bestie, brutti inglese ». Malheureusement il se trouva un membre de la députation qui entendit et comprit ces paroles. Le résultat ne se fit pas attendre : toutes les portes se fermèrent au nez de Rossini qui dut s'en retourner en Italie, tout déconfit et les poches vides.

Comme il est question dans ce chapitre du milieu dans lequel je vivais, je crois pouvoir reparler ici de mon oncle Manuel Garcia qui joua un si grand rôle dans mon enfance.

Très vif de nature, très enthousiaste de tempérament, il avait hérité du caractère emporté de son père et, pour un rien, il se mettait dans de violentes colères. Mais il était foncièrement bon et juste et ses sympathies étaient durables. Comme ma mère, il était formidablement actif et travailleur.

Il s'amusait à me taquiner sans pitié, mais il était toujours prêt à m'aider et à prendre ma défense. Lorsqu'il venait habiter chez nous, à *Courtavenel*, ma grande joie était de me promener avec lui et de m'associer à sa rage de destruction. Comme il avait juré la mort du lierre grimpant, qui, selon lui, faisait mourir les arbres, nous partions ensemble, armés de couteaux et de haches, et, après avoir soigneusement examiné chaque arbre du parc ou du bois, nous délivrions à grands coups d'estoc et de taille tous ceux qui étaient prisonniers.

Le matin nous nous rencontrions au piano où chacun de nous deux apportait sa page d'écriture de la « Symphonie de Mozart » que nous composions dans le style et à la manière de Mozart. La meilleure page était retenue et, le lendemain, la suite en était critiquée. J'avais à ce moment une douzaine d'années.

L'oncle Manuel était plein d'anecdotes amusantes sur ses élèves. En voici une ou deux :

Il donnait sa première leçon à une jeune Anglaise qui, bien que fort jolie, avait cette expression hautaine et courroucée dont on voit parfois des Anglo-Saxonnes recouvrir leur visage comme d'un masque. « Pourquoi semblez-vous si fâchée? Il faut avoir l'air aimable lorsqu'on chante ! — dit le maître, — regardez-vous dans ce miroir. Je suis sûr qu'en y voyant une aussi charmante image vous allez sourire et dire quelque chose d'aimable. Voyons ! essayez ! » La jeune fille prit la glace, se regarda avec colère, réfléchit un bon moment et finit par dire sèchement : « Bon jouar !... » (bonjour).

Une autre fois, un baryton chantait en italien l'air célèbre des *Noces de Figaro*. Au lieu de :

> Non più andrai, farfallone amoroso,
> Notte e giorno d'intorno girando,

(Tu ne voletteras plus, nuit et jour, papillon amoureux), il disait : « ...... d'intorno giardino ».

« Non ! dit le professeur, vous vous trompez, vous dites *dans le jardin*, ce qui est un non-sens ».

Le passage fut répété ; le non-sens se renouvela. « Il faut dire voleter et non dans le jardin ! — Mais pourquoi donc ? s'écria l'élève, puisque j'aime tant les jardins ! »

Au moment où Manuel Garcia venait d'inventer le laryngoscope, il comptait parmi ses élèves une très belle basse, Bataille, qui devint par la suite un artiste populaire de l'Opéra-Comique de Paris. Or, le digne Bataille n'avait rien trouvé de mieux que de se promener avec, dans la poche, un de ces nouveaux instruments qu'il montrait à tout venant sans en indiquer la provenance ; de sorte qu'on se figurait qu'il en était l'inventeur.

Un soir qu'il venait de dîner à l'Ambassade de Turquie, il dit à l'Ambassadeur : « Votre Excellence veut-elle me permettre de lui montrer une nouvelle invention des plus remarquables, le petit appareil que voici, grâce auquel on peut voir jusqu'au fond de la gorge. Puis-je l'essayer sur Votre Excellence? — Non, merci, dit l'Ambassadeur méfiant; essayez donc sur mon Secrétaire; moi, je préfère voir. »

Le Secrétaire s'assit; on introduisit le petit miroir dans sa bouche ouverte et l'Ambassadeur se pencha pour regarder. Mais, hélas! le malheureux Secrétaire avait trop bien dîné; et, brusquement, il fut pris d'un violent haut-de-cœur dont se ressentit cruellement le gilet de « Son Excellence ». Ce soir-là, Bataille bénit le ciel de n'être pas sujet ottoman !

La grande passion de Manuel Garcia était le jeu d'échecs. Il y faisait des parties interminables, surtout avec Tourguénieff. Ainsi, il lui arrivait de se placer devant l'échiquier à six heures du soir et de ne le quitter que vers quatre heures du matin, tout surpris d'avoir oublié le dîner.

Étant encore enfant, j'avais vu assez souvent Antoine Rubinstein, mais ce n'est que plus tard, durant mon séjour chez nous, à Baden-Baden, que je me liai d'intimité avec

lui, et que j'eus l'occasion d'admirer les dons
vraiment divins de cet incomparable musicien.
A ce moment, il s'était blessé au genou et restait
étendu, toute la journée, sur une chaise longue,
où je venais le distraire en jouant aux échecs
avec lui. Mais, parfois, je lui demandais de la
musique. Il se retournait alors et allongeait
les bras sur le piano qui était placé derrière
lui, à portée de ses mains. C'est dans cette
position malaisée que, sans désemparer, durant
des heures et des heures, et toujours par
cœur, il me faisait entendre de la musique
encore plus exquise, plus sublime peut-être,
que celle qu'il ait jamais exécutée en public.
Car, chose peu connue, Rubinstein fut toujours un peu nerveux devant le public. Je crois
pouvoir ajouter que la réciproque est vraie, à
en juger par les enthousiasmes indescriptibles
que je lui ai vu provoquer chez les foules.

Je me souviens notamment d'un concert
qu'il donnait à Dublin, et qui, commencé à
deux heures, devait se terminer à cinq heures.
A neuf heures du soir Rubinstein était encore
au piano, après quarante ou cinquante rappels

capables de faire crouler la salle. D'abord le public s'était levé; puis, dans son délire, il avait jeté sur la scène tout ce qui pouvait marquer son enthousiasme : montres, bagues, bracelets, mouchoirs, chapeaux, parapluies, tout ce qui tombait sous la main. Puis il avait envahi la scène; des femmes se jetaient au cou ou aux pieds de l'artiste, en pleurant et en l'implorant; des hommes le suppliaient à grands cris et lui barraient l'accès de la sortie; bref, l'exaltation de l'auditoire prit de telles proportions qu'il fallut l'intervention d'un nombre considérable de policemen pour délivrer l'artiste.

Rubinstein fut très certainement le musicien le plus inspiré que j'aie jamais connu et qui ait peut-être jamais existé. Et quel accompagnateur il était!

L'amateur se figure généralement que n'importe quel bon pianiste peut jouer un accompagnement. Grosse erreur! car il en existe bien peu qui sachent le faire. Il faut un musicien de tout premier ordre pour deviner les intentions du chanteur et ne faire avec lui, pour ainsi dire, qu'un seul Tout. En ce qui me concerne, je n'ai connu que deux artistes capables de réellement bien accompagner : Hermann Lévy et Rubinstein.

Antoine avait une passion qui, sur ses vieux jours, devint un vice : les femmes. Il en usait et abusait étrangement, ce qui est excusable jusqu'à un certain point si l'on tient compte de ce que, comme Liszt, il fut, dès sa jeunesse, recherché, adulé, gâté, pourchassé et traqué par elles. Il me dit un jour, en confidence : « Si je devais élever tous les enfants que j'ai eus, la fortune de deux Rothschild n'y suffirait pas. »

Du reste, il avait presque autant de cynisme que son frère. A un dîner où celui-ci était assis à côté d'une mijaurée qui, après l'avoir agacé de ses compliments et de ses questions, lui demandait s'il avait des enfants, il répondit, au grand scandale de son interlocutrice : « Madame, j'ignore si j'ai des enfants ; mais ce que je sais, c'est que ma femme en a plusieurs. »

En ce qui concerne les compositions d'Antoine Rubinstein, j'estime qu'elles ne sont pas appréciées à leur juste valeur. Il est certain qu'il écrivait trop et ne mettait pas assez de choix dans ses thèmes ; mais si l'on faisait une sélection de ses œuvres, en en jetant une partie au panier, on serait surpris par le nombre de passages réellement beaux qu'elles contiennent.

L'anecdote que voici peut caractériser ses méthodes de travail. Il rendait visite un jour à Édouard Lalo qui le fit entrer dans son cabinet : « Tiens ! comme c'est drôle, dit Rubinstein en jetant un coup d'œil sur le bureau, vous n'avez qu'une plume et une vingtaine de grattoirs ! chez moi c'est le contraire, j'ai pas mal de plumes et un seul grattoir. » De fait, Lalo était trop méticuleux, Rubinstein ne l'était pas assez.

Quant à Nicolas Rubinstein, il possédait presqu'autant de talent qu'Antoine ; et lorsque ces deux frères jouaient ensemble en duo, à première vue, une partition d'orchestre, cela tenait véritablement du prodige. Je crois bien qu'ils auraient déchiffré et transposé avec la même aisance et la même maîtrise, si les feuillets avaient été placés à l'envers sur leur pupitre !

Toutefois, Nicolas était moins célèbre que

son frère parce que, d'une part, sa situation de Directeur du Conservatoire de Moscou le retenait à son poste et que, d'autre part, il vacillait constamment entre deux vins, depuis que sa femme l'avait abandonné. Bien que son emploi fût lucratif, il était toujours sans un kopeck ; car, cédant aux élans de son bon cœur, il donnait à des élèves pauvres tout ce qu'il possédait : argent, montres, vêtements. Hélas ! rien ne put le retenir sur la pente fatale où il glissait, de sorte qu'il finit par mourir du *delirium tremens*.

Je n'ai vu qu'assez rarement Verdi, lorsqu'à Paris il dirigeait son *Requiem*. Son air énergique inspirait le respect ; mais lorsqu'il conduisait les répétitions, il montrait une telle brutalité et se répandait contre l'orchestre en de si violentes invectives, que chacun tremblait à la menace d'un coup de boutoir du « Sanglier », — pour employer le surnom que les musiciens lui avaient donné.

La carrière musicale de ce grand patriote toujours prêt à tout sacrifier pour l'unité de son pays, est des plus intéressantes : ses premières œuvres révèlent la médiocrité italienne et la recherche de l'effet ; mais, peu à peu, ses aspirations s'élèvent, ses buts se précisent, chacune de ses œuvres gagne en sérieux et en solidité, tandis que la recherche des effets en est rigoureusement bannie. C'est ainsi que, de progrès en progrès, et sous l'influence de Wagner qui lui fait attribuer un rôle prépondérant à l'orchestre, il compose tour à tour *Il Trovatore*, *Rigoletto*, *Il Ballo in Maschero*, *Don Carlos*, *Aïda*, *Othello* et *Falstaff*.

J'ai vu et entendu Jenny Lind en plusieurs circonstances. Je ne parlerai pas de sa personnalité ; mais, en tant que cantatrice, je considère sa réputation comme surfaite. Certes ! elle chantait admirablement, ce qui n'avait rien que de naturel puisqu'elle était élève de Manuel Garcia ; mais elle était froide, terriblement froide, glaciale comme son tempérament. Elle n'aurait été, sans doute, que peu remarquée si elle n'avait possédé une voix scandinave pure, exceptionnellement haute et, surtout, un *savoir-faire* qui lui a fourni les moyens de se dresser sur un piédestal élevé.

Je n'oublierai jamais Ristori, en tant que grande tragédienne et comme relation personnelle. Souvent je la rencontrais dans l'atelier d'Ary Scheffer, où sa haute taille et son noble profil faisaient toujours sensation. Elle était si gracieuse, si intelligente et en même temps si simple dans sa façon de s'exprimer, que cette fille de paysans aurait pu passer pour issue d'aristocrates ; aussi portait-elle fort bien son titre de Marquise del Grillo.

Sur la scène, deux choses frappaient en elle : la beauté et la sonorité de sa voix et une certaine exagération dans la déclamation ; mais cette exagération était plus apparente que réelle car, comme l'on sait, le mode excessif est inhérent au génie de la langue italienne.

Charles Dickens était un excellent ami de mes parents et d'Ary Scheffer, aussi le voyais-je souvent. Grand, mince, droit, l'œil perçant dans un visage grave, la barbe éparse, il avait l'air plutôt d'un officier de cavalerie que d'un homme de lettres. Il parlait peu, mais ce qu'il disait était toujours intéressant ; et, comme lecteur, il était inégalable.

Ainsi, je me rappelle une lecture qu'il nous fit dans l'atelier d'Ary Scheffer de *The Cricket on the Hearth* qui, à moins d'être bien lue, est une œuvre plutôt sentimentale. Eh bien! il sut être tour à tour touchant ou comique au point qu'il nous fit, tous, tant nous étions, petits et grands, pleurer ou rire ; sous sa baguette, choses et gens revenaient à la vie, et les personnages semblaient tellement animés qu'on croyait les voir se mouvoir, agir, penser, parler.

A ce sujet, j'ajouterai que j'ai beaucoup connu le modèle qui lui inspira le personnage de la tante dans *David Copperfield*. C'était Lady Monson, une vieille dame originale et sympathique avec laquelle il était intimement lié. Elle était grande, bizarre et brusque ; son langage était des plus drôles et elle avait une longue tête de cheval. Mais elle était foncièrement bonne et faisait tout le bien qu'elle pouvait. Dickens a élevé un beau monument littéraire à la mémoire de son amie.

CHAPITRE VIII

Courtavenel, notre « campagne », était un château qui datait de François Ier. Il avait assez grand air, avec ses tours à poivrières et son pont-levis; mais l'intérieur en avait été modernisé; et la vaste salle des gardes, notamment, avait été transformée en un théâtre moderne avec plateau, portants, rideau, rampe, loges d'artistes, etc. Il y avait même un trou de souffleur qui jamais ne fut occupé, du reste, car nous nous faisions un point d'honneur de connaître nos rôles.

Dans ce théâtre il n'y avait pas de billets de faveur. Chaque place coûtait une pomme de

terre que chacun allait chercher au jardin pour
la verser dans une caisse spéciale à l'entrée du
« Théâtre des pommes de terre ».

De bien belles représentations y ont été données où furent joués notamment Racine, Molière et d'autres classiques.

Ceux d'entre nous qui n'étaient pas sur la
scène étaient dans la salle : George Sand, Tourguénieff, Jules Simon, Henri Martin, Rose Chéri
(excellente artiste et grande amie de ma mère),
E. Augier, Ponsard, Berlioz, Saint-Saëns et
quantité d'autres personnages illustres qui
étaient nos hôtes et commensaux habituels à
Courtavenel.

Il y avait aussi toute la domesticité du château et des communs, le valet de pied et sa
famille, les femmes de chambre, le cocher, le
garde-chasse, le cuisinier et, surtout, le valet de
chambre, un vieux mannequin glabre à per-
ruque grise que nous avions surnommé l'Aca-
démicien à cause de ses connaissances es-lettres
qui lui permettaient d'expliquer et de commen-
ter toutes les pièces à ses camarades.

Parfois nous avions aussi la visite du « Père »

Coluche. Ce nom ne dit peut-être rien au lecteur ; mais on se rappellera certainement l'anecdote qui le rendit célèbre. C'est Coluche qui, étant en sentinelle, arrêta une ronde d'officier : On ne passe pas ! — Officier ! — On ne passe pas — Officier d'Etat Major ! — On ne passe pas. — Général en Chef ! — On ne passe pas ; seriez-vous le Petit Caporal en chair et en os ! — Le lendemain, Napoléon Ier, qu'il avait arrêté de la sorte, le décora de la Légion d'honneur en le citant comme modèle de discipline.

Le Père Coluche était encore fort et vigoureux. Son bonheur était de nous raconter ses campagnes d'Espagne ; et le vieux brave se figurait qu'il parlait admirablement l'espagnol. Aussi se plaisait-il à chanter en cette langue des chansons amusantes dont voici un spécimen :

> Digame, Señor Padrone,
> La taverna onde stã ?
> La taverna sta muy lega,
> Non se pouve rencontrã.
> Toma laderi, laderette,
> Toma laderi, ladera...

C'est à *Courtavenel*, à l'âge de quinze ans, que j'ai cueilli, sur la scène, mes premiers lauriers ; et les mots me manquent pour décrire mon orgueil lorsque j'y débutai dans le rôle d'Athalie. Le costume, à lui seul, eut suffi à me transporter de ravissement : mon manteau royal écarlate avait été coupé par mon grand-père Garçia en personne ; les franges et paillettes d'or en avaient été cousues par ma grand-mère ; et la Malibran, ma tante, l'avait illustré en le portant dans *Semiramis*. (Je possède encore ce manteau historique.)

Je me rappelle le gros succès d'une de nos représentations du *Mariage de Figaro* de Beaumarchais, dont l'interprétation était :

COMTE ALMAVIVA . Tourguenieff.
FIGARO . . . . . Gounod.
LA COMTESSE. . . Mademoiselle Artot (plus tard de Padilla).
SUZANNE . . . . Pauline. Viardot.
CHERUBINO. . . . Moi-même.

CHATEAU DE COURTAVENEL

(La vignette reproduite ici est l'en-tête d'une description notariée de ce domaine. Elle montre le Château tel qu'il était à l'époque où la famille Viardot s'en rendit acquereur).

Et Don Basile? où allions-nous trouver quelqu'un capable de remplir ce rôle difficile? L'un de nous eut l'idée de le proposer à ma grand'-mère (qui s'occupait généralement de nos costumes). A force d'insistances elle accepta; et, à voir se prodiguer sur la scène ce Jésuite hypocrite, malicieux, rusé, amusant, personne n'aurait pu soupçonner qu'il n'était autre qu'une vieille dame de soixante-dix ans.

Il est vrai de dire que cette vieille dame n'était autre, elle-même, que Joaquina Garcia née Sitches, l'actrice et cantatrice qui avait naguère eu tant de succès en Espagne, en Italie et en Amérique.

Quant à mon père, il préférait être simple spectateur, sauf lorsque nous jouions l'*Ecole des femmes*, de Molière. Il interprétait alors de façon magistrale le rôle d'Arnolphe.

L'existence à *Courtavenel* était pleine d'agréments et de culture intellectuelle. On y travaillait; on s'y amusait.

Souvent, Gounod composait des chœurs que nous chantions à première vue en ramant, le soir, sur la pièce d'eau. D'autres fois il nous chantait, de sa voix agréable, tout ce qu'il avait écrit dans la journée. C'était un vrai boute-entrain, surtout lorsqu'il s'agissait de musique.

Ma mère, elle aussi, était jeune et enjouée, et elle prenait volontiers part à nos espiègleries. Ainsi, « pour les mettre à l'aise », nous avions l'habitude de faire une farce aux personnes qui venaient pour la première fois à *Courtavenel*.

Je me rappelle certain officier russe renommé pour sa bravoure, mais qui avait horreur des batraciens, nous avait-on dit. Il n'était pas depuis une heure au château qu'il trouvait partout des grenouilles — et même des crapauds ! — il y en avait dans ses poches, dans ses meubles et jusque dans son lit.

Et quels tours n'avons-nous pas joués à Tourguenieff ! Lors de sa première visite à *Courtavenel*, il fut réveillé par un concert de coqs, de poules et de canards. Etonné que ce charivari semblât si rapproché, (il avait, dans la journée, visité le poulailler qui était près de la ferme, à une bonne distance de là,) il se leva et finit par découvrir que tout ce bruit sortait d'un placard de sa chambre. Il empoigna les volatiles et les rapporta à la ferme, furieux d'avoir été ainsi dérangé à quatre heures du matin.

Un jour qu'il avait été à la chasse avec mon père, il rentra tellement en retard qu'il nous rejoignit dans la salle à manger sans avoir passé par sa chambre. Or, ma vieille tante souffrait ce soir-là d'une telle migraine qu'elle quitta la table pour aller se coucher. Peu après, Tourguenieff, entrant dans sa propre chambre, découvrit avec horreur que quelqu'un s'était couché dans son lit. La personne en question lui tournait le dos. C'était une femme, à en juger par ses formes et son bonnet de nuit : « Sapristi, se dit-il, ça y est, la vieille tante s'est trompée de chambre ! » S'approchant tout doucement, il se pencha sur le lit et reconnut... le museau d'un ours : de l'ours dont la dépouille ornait habituellement le salon.

Le lendemain, après avoir essuyé nos quolibets, il en riait encore lorsqu'il repartit à la chasse avec mon père. Mais l'histoire n'est pas finie : lorsque fut venue l'heure du retour des chasseurs, ma mère, prise d'une inspiration

soudaine, revêtit un costume de nuit et, après
s'être coiffée du bonnet de nuit que l'ours portait la veille, elle se coucha sur un des canapés
du salon dans la même posture que celle qu'a-
vait eue compère Martin. En entrant, la première chose qu'aperçut Tourguenieff fut son
ami l'ours. « Ah! mais non! dit-il, ça ne prend
pas! « on me l'a déjà faite ». Il s'assit et l'on
causa. Quelqu'un lui ayant demandé comment,
la veille, il s'était aperçu que c'était une
peau d'animal et non une personne qui occupait son lit, il reproduisit la scène, s'avança à
pas de loup, et se pencha sur la forme allongée
sur le canapé. A ce moment, celle-ci se dressa
en un brusque soubresaut et lui envoya une
gifle bien appliquée. Tourguenieff en poussa
un cri de terreur et, nous, des éclats de rire.

Une autre fois, nous nous étions avisés d'at-
tacher à tous les meubles faciles à déplacer
dans la chambre de Tourguenieff des ficelles
que nous avions fait passer sous la porte
de la salle de billard contiguë. Dès que nous
crûmes notre homme endormi, nous commen-
çâmes à tirer sur les ficelles, et le bruit des meu-

bles se déplaçant ne tarda pas à le réveiller.

« Qui est là » ? dit-il — Pas de réponse. — Comme il paraissait s'être rendormi, nous reprîmes nos ficelles et les meubles s'agitèrent de nouveau. Du coup il sauta sur ses pieds, vint à la porte et s'écria : « Voulez-vous bien vous sauver ou je sors en chemise ! » Du coup, tout le monde décanilla.

Puisque je parle de notre joyeuse vie à *Courtavenel*, il faut que j'anticipe sur les événements en racontant ici de quelle façon extraordinaire nous perdîmes plus tard ce domaine seigneurial :

Mes parents s'étaient tellement entichés de Baden-Baden qu'ils délaissèrent *Courtavenel*, dont l'administration fut confiée à un médecin du voisinage, en qui mon grand-père croyait pouvoir avoir confiance.

A notre retour en France, en 1871, un de mes beaux frères se rendit à *Courtavenel* pour y chasser. Il se fit conduire en voiture directement à la ferme où il avait à causer d'affaires avec le fermier. On discuta réparations, transformations, chasse, bétail, en buvant le traditionnel verre de cidre. Puis mon beau frère demanda les clés.

« Quelles clés? — Mais celles du château, parbleu! — Quel château? — Mais celui de *Courtavenel*, il n'y en a pas d'autre. — Voyons, voyons, dit le fermier, c'est une plaisanterie; vous savez bien que *Courtavenel* a été vendu et qu'il n'en subsiste plus une pierre? — Mais oui, c'est le Dr F... qui, avec la procuration de M. Viardot, a tout liquidé : d'abord le mobilier et les collections ; puis les portes, les cheminées, enfin les matériaux de démolition ; on laboure en ce moment à l'endroit où s'élevait le château.

— Mais qui?

— Les propriétaires. Les jardins, les fleurs, le parc, les arbres, les bois, les prairies, les cultures, tout, tout est vendu. Il ne subsiste plus que la ferme.

— Mais où est-il ce scélérat?

— Ah voilà : dès qu'il a appris le retour prochain des Viardot, il a filé en Suisse, je ne sais pas trop pourquoi. »

Courtavenel, mon cher *Courtavenel* s'était

volatilisé avec tous ses hectares de belles terres, en nous faisant perdre une petite fortune.

Cette anecdote est déjà fort curieuse. Mais elle n'est rien en comparaison de l'histoire à peine croyable qu'on va lire :

Ce même Docteur F... devait à mon grand père une reconnaissance sans bornes, car voici ce qui lui était advenu à peine un an auparavant :

Durant la guerre de 1870, le médecin de qui il s'agit fut, à tort ou à raison, dénoncé comme franc-tireur par le curé du village et livré aux Prussiens qui le condamnèrent à mort. On l'avait entassé avec d'autres condamnés dans une charrette qui, escortée de Bavarois, les conduisait à Rouen pour y être fusillés. Tandis qu'il se désespérait, couché sur le dos, les mains ligotées et les yeux au ciel, une pomme tomba soudain sur sa poitrine. C'était assez singulier car, en cet endroit, la route n'était bordée que de peupliers ; mais, après tout, peut-être était-ce l'officier commandant l'escorte qui, par pitié, lui avait jeté ce fruit ?

Quoiqu'il en soit, il bénit cette aubaine qui allait lui permettre d'étancher sa soif. Mais, au moment où, après avoir réussi à faire glisser la pomme dans ses mains ligotées, il allait la porter à sa bouche, il réfléchit qu'il pouvait faire mieux quoiqu'avec bien peu de chances de succès. Après de longs efforts, il réussit à glisser deux doigts dans sa poche, à en tirer un bout de crayon et à griffonner sur un chiffon de papier gris qui traînait dans la charrette :

« Monsieur Viardot, Baden-Baden. Pris par les Prussiens. Condamné à mort. Route nationale vers Rouen. Pouvez-vous me sauver ? » Avec l'index il fit un trou dans la pomme, y glissa son bout de papier roulé ; et, de ses deux mains ligotées, il jeta le fruit hors de la voiture sur la route.

Le matin du surlendemain, en se mettant à son travail, mon père trouva sur son bureau le papier gris chiffonné dont il s'agit et l'ouvrit machinalement avant de le jeter au panier. (Jamais on n'a pu s'expliquer comment ce message était parvenu à destination !...) Immédiatement ma mère télégraphia à la Reine Augusta et, quelques heures après, arrivait à Rouen l'ordre de relâcher le Docteur F...

On a vu de quelle façon ce misérable sut reconnaître par la suite les bienfaits de mes parents. Du reste, il ne profita pas du bien mal acquis, car il mourut peu après son arrivée en Suisse.

Je ne puis terminer ce chapitre sans dire quelques mots de Tourguenieff qui, à cette époque déjà, était notre hôte permanent. Intimement lié avec mon père, il était son inséparable compagnon de chasse et de travail. Dans leur collaboration constante (car lorsqu'ils n'écrivaient pas ensemble, leur temps se passait à deviser de littérature et d'art), Tourguenieff apportait son originalité slave, mon père son profond savoir ; et je crois pouvoir dire que pas une ligne de Tourguenieff en langue française n'a été imprimée sans avoir passé par le crible de mon père. Celui-ci joua dans les œuvres du grand écrivain russe le rôle de censeur, sinon d'inspirateur ; mais il sut lui laisser sa personnalité en tolérant certaines hardiesses de syntaxe ou d'expression qu'un auteur, fût-il de marque, ne peut se permettre que lorsqu'il écrit dans une langue étrangère.

Je n'avais que quatre ans lorsque Tourguenieff vint s'installer chez nous, dans l'hôtel familial de la rue de Douai où, au second étage, fut aménagé à son intention un appartement de quatre pièces comprenant une bibliothèque, un cabinet de travail, un salon et une chambre à coucher. Ce qui me frappa tout de suite en lui fut son impeccable tenue, la recherche de sa toilette et l'odeur d'eau de Cologne qui se dégageait de sa personne.

Entre mes parents et Tourguenieff s'établit rapidement et régna toujours une communion d'idées et de sentiments réellement rare même entre amis intimes ou parents rapprochés. Et, comme leurs rapports étaient essentiellement intellectuels et artistiques, élevés et nobles, jamais l'éclat n'en fut terni par le moindre nuage. La médisance, elle-même ne réussit pas à en rompre l'harmonie et elle dut se replier devant le mépris souriant et hautain qui l'accueillit.

Tous, dans la famille, nous étions profondément attachés à Tourguenieff que, personnellement, j'ai toujours apprécié, estimé et aimé malgré son égoïsme et son égotisme inconscients de Grand Homme gâté !

J'ai adressé naguère à ce sujet à la *Gazette de Francfort* quelques lettres que je tiens à reproduire ici, car ces lettres ont été dénaturées par certains journaux russes qui m'ont reproché d'avoir porté contre Tourguenieff des accusations injustifiées.

Voici le texte de la première lettre :

« J'ai à cœur de répondre à l'article de Zabel paru dans la *Frankfurter Zeitung* du 31 janvier 1907 sur Pauline Viardot et Ivan Tourguenieff, afin de réfuter la fausse interprétation qui a parfois été donnée de leur amitié.

« Ils travaillaient beaucoup ensemble ; et le plus grand nombre des ouvrages de Tourguenieff écrits en langue française ont été traduits ou mis au point par Louis Viardot, bien qu'ils ne portent par sa signature. Les deux amis avaient du reste une remarquable communion d'idées et de goûts. Ainsi tous les deux adoraient la chasse ; mais, tandis que mon père était un vrai Nemrod, Tourguenieff ne pouvait s'empêcher de rester un contemplatif et un admirateur de la nature. Que de fois ne lui est-il pas arrivé de laisser échapper une pièce de gibier, soit parce qu'il avait oublié d'armer son fusil, soit parce qu'il avait laissé son arme appuyée contre un arbre !

« L'intimité des deux amis devait forcément faire naître la médisance ; car le monde est ainsi fait, que, *à priori*, il se refuse à croire que la femme et l'ami du mari puissent se comporter honnêtement à l'égard de celui-ci. Ils l'ont toujours fait cependant dans le cas qui nous occupe ; et tout ce qui a pu être dit ou insinué, dans le sens contraire, n'a été inspiré que par l'envie ou la méchanceté.

« Tourguenieff était un aimable égoïste qui ne cherchait que ses aises. A ce propos je lui ai difficilement pardonné le grand manque de tact dont il fit preuve dans les conjonctures que voici :

« Sa fille naturelle, qui avait demeuré longtemps chez nous, allait se marier ; et il avait décidé de recouvrer sa liberté dorée en s'installant après ce mariage, dans un bel immeuble qu'il avait acheté à Paris. En attendant il devait rester chez nous.

« Sa fille se maria, mais Tourguenieff ne fit aucune allusion à son départ. Mes parents attendirent, pensant qu'il se rappellerait ses projets. Mais, tout au contraire, il devint plus exigeant : une pièce ne lui suffisait plus ; il lui en fallait trois. Mon père lui en donna quatre au 2ᵉ étage de notre maison, mais à la condition qu'il verserait annuellement une certaine somme, en paiement de sa pension.

« Comme Tourguenieff semblait avoir oublié cette obligation, mes parents s'étonnèrent d'abord ; puis un scrupule de délicatesse les retint de réclamer de l'argent dont, après tout, ils n'avaient pas besoin. De sorte que Tourguenieff a habité chez nous *durant trente années* sans avoir jamais déboursé un centime !

« Du reste, lorsqu'après avoir étudié quelque temps à Berlin et à Heidelberg, Tourguenieff vint, très jeune encore, trouver mes parents à

Paris, il n'avait pas un liard en poche, sa mère lui ayant coupé les vivres pour s'opposer à ses projets littéraires. Il était dans un tel état de dénûment que mon père dut l'habiller des pieds à la tête. Je m'empresse d'ajouter que quelques années plus tard il héritait de la grosse fortune de sa mère, fortune que des legs et le produit de ses ouvrages devaient tripler par la suite...

« Il mourut après une maladie de dix-huit mois, et l'idée ne lui vint même pas de reconnaître au moins les soins assidus et dispendieux qui lui furent prodigués, en nous léguant, à titre de souvenir, quelques bribes de sa fortune. Ses millions allèrent à une vieille femme qu'il n'avait jamais vue et qui était déjà millionnaire. Ceci, du reste, n'empêcha pas un aimable ami de notre famille d'écrire aux journaux que madame Viardot avait hérité de la fortune de Tourguenieff !

« Certes ! il n'y a aucun doute que Tourguenieff admirait beaucoup ma mère. Il devait en être ainsi, car il était impossible de fréquenter sans l'admirer et l'estimer une artiste aussi divinement douée, une femme aussi distinguée et aimable. Mais jamais entre eux il n'a été, à aucun moment, question d'amour. »

« L. Héritte-Viardot. »

Heidelberg 8 février 1907.

Deuxième lettre :

« Je connais l'édition du Docteur Ruhe des lettres de Tourguenieff et c'est ce qui m'a incitée à donner des explications, car elle dénature complètement les rapports de l'écrivain avec ma famille. Il m'est facile d'expliquer les passages cités par l'auteur de l'article en question.

Tout d'abord il se refère à la lettre 88 ci-après :

à I. I. Maslov.

Spaskoë, 22 juin 1862.

« Avez-vous envoyé les 200 francs à Viardot? Ni lui ni elle ne les ont mentionnés. »

Il est bien possible que Tourguenieff ait envoyé à mon père la petite somme de 200 francs. Il est probable que celui-ci en avait fait l'avance en une circonstance quelconque.

Le second extrait est ainsi conçu :

à I. 1. Maslov.

Spaskoë, 4 juin 1870.

« Maintenant écoutez ! Dieu gouverne à son gré la vie des hommes !

« Dans le cas où je viendrais à mourir à l'improviste, il faut que vous sachiez que c'est pour ma chère Claudie Viardot que j'ai acheté les titres que je vous ai confiés. En cas d'accident, veuillez les envoyer à madame Pauline Viardot, à Baden-Baden.

« Je me porte fort bien ; mais il n'y a pas de mal à prendre des précautions. »

Il semble probable que Tourguenieff avait l'intention de léguer quelque chose à ma sœur en cas de mort subite. Mais il n'y a plus jamais

IVAN TOURGUÉNIEFF

fait allusion et ça n'a jamais été, de sa part, qu'une simple intention...

Le passage ci-après est encore cité :

à I. I. Maslov.

Paris, 20 octobre 1873.

« Des 30.000 roubles qui restent après l'achat des titres qui sont entre vos mains, veuillez m'envoyer 5.000 roubles et acheter, comme précédemment, 5.000 roubles de titres au nom de madame Viardot, que vous joindrez à ceux que vous avez déjà. »

Ces 5.000 roubles furent vraisemblablement placés, comme d'autres sommes l'avaient été auparavant, au nom de ma mère ; mais ils étaient destinés à la fille naturelle de Tourgue-nieff, qui demeura chez nous jusqu'à son ma-riage. Ce mariage fut malheureux ; la jeune femme se sépara de son mari et, afin d'éviter que celui-ci pût toucher à son argent, Tour-guenieff plaça peu à peu 100.000 francs au nom de ma mère. A la mort de Tourguenieff cette somme fut remise à sa fille.

La lettre suivante à I. I. Maslov est datée de Paris, du 30 janvier 1874.

« Très cher ami Ivan Illitch,

« Si je suis encore ici et non en Russie, ce n'est pas ma faute. Ne riez pas ! — c'est parce que le mariage de ma chérie, la fille de madame Viardot, est retardé. Comme vous avez mes actions des Chemins de fer Rjasan, voulez-vous, je vous prie, encaisser tous les coupons échus et m'envoyer les fonds. Le marché est bon en ce moment et le mariage de ma chère Didie m'occasionnera de grosses dépenses. »

Ceci est tout à fait exact, car, à l'occasion de son mariage, Tourguenieff fit cadeau à ma sœur de très beaux diamants. Mais il s'agissait là d'un don personnel qui n'avait aucun rapport avec ma mère.

Voyons maintenant la dernière lettre :

A I. A. Polonskaja.

Bougival, 12 juillet 1882.

« Vous voulez savoir qui demeure ici *chez* moi? Madame Viardot, son mari, sa fille Claudie avec son mari Chamerot et leurs deux enfants, deux fillettes de 7 et de 9 ans; l'autre fille Marianne avec son mari Duvernoy et un enfant de trois mois; enfin le fils de madame Viardot, Paul Viardot, le violoniste. »

« Ou bien Tourguenieff a fait un *lapsus calami* ou, — et c'est ce qui me semble le plus probable, — il y a eu une erreur de traduction. L'auteur de la lettre a très probablement employé le mot *samnaia* qui, en russe, signifie aussi bien *chez* qu'*avec*. Dans cette dernière acception, son expression correspond à la vérité. Mes parents possédaient en effet une jolie maison, avec un grand jardin, *Les Frênes*, à Bougival. où Tourguenieff se fit construire pour lui-même un petit pavillon dans notre jardin. De sorte que la famille Viardot ne demeurait par *chez* lui mais *avec* lui.

« Ceci montre bien avec quelle facilité les choses peuvent être mal comprises, voire même mal interprétées...

L. Héritte-Viardot.

Heidelberg, 28 février 1907.

Tourguenieff mourut d'un cancer, dans sa villa de Bougival. Toute la famille le soigna jusqu'au dernier moment et le pleura amèrement.

L'usage constant de la morphine avait affecté ses facultés cérébrales durant les derniers mois de sa maladie. Une nuit, il tira si violemment le cordon de sonnette que plusieurs d'entre nous se précipitèrent chez lui. En apercevant ma mère il s'écria : « Ha ! voilà Lady Macbeth ! » et, arrachant la lourde boule de cuivre de la sonnette, il la lança à toute volée. Fort heureusement ma mère ne fut pas atteinte.

Un jour que j'entrais dans sa chambre il me reconnut, — ce qui n'était pas toujours le cas, —

et me dit : « Regarde, Louise, regarde ! Comme c'est étrange ! ma jambe est accrochée là, dans ce coin. La chambre est pleine de cercueils. Mais (il prit ici une expression malicieuse), ils m'ont donné encore trois jours à vivre. »

Trois jours après, il expirait...

Au cours de sa maladie, un grand nombre de ses amis et de ses relations vinrent le voir et nous rendre visite. Peut-être est-ce à cela qu'il faut attribuer la disparition de la collection des lettres qu'il avait écrites à Pauline Viardot au cours d'une de ses absences de France?

Quoiqu'il en soit, un auteur russe vint trouver ma mère, bien des années après, pour lui demander la permission de publier ces lettres dans un journal ; mais le nom de la personne qui détenait cette correspondance ne fut pas révélé. L'autorisation demandée fut donnée malgré tout et, peu après, les lettres les plus intéressantes étaient publiées. Elles sont toutes assez connues et montrent le côté aimable du caractère de Tourguenieff. Mais, ces causeries intimes, pleines de bonhomie, ne présentent pas un très grand intérêt et ne constituent, après tout, que des monologues, puisqu'il manque les réponses.

Chose singulière ! la correspondance de Tourguenieff avec ma grand'mère Garcia disparut, elle aussi, de façon mystérieuse, mais jamais on ne retrouva cette collection.

IX

L'aventure la plus amusante que j'aie jamais eue fut une tournée d'opéra en Angleterre et en Irlande, en 1858. Je n'avais alors que dix-sept ans ; et mes parents m'emmenèrent pour me distraire et me guérir d'une grave maladie dont j'avais été atteinte.

La tournée avait été organisée par l'impresario anglais Beale qui, aidé de ses *factotums*, s'occupait de tout : des billets, des bagages, des hôtels, etc. Elle comprenait une troupe d'élite composée des principaux artistes de l'Opéra Italien : MM^{mes} Pauline Viardot, Giulia Grisi, Gassier et mademoiselle Orwil, une excellente

élève de ma mère ; MM. Mario, le célèbre ténor,
Graziani qui possédait une magnifique voix de
baryton, Luigi, bon second ténor, Ciampi, basse
réputée (qui devint par la suite Directeur du
Théâtre Italien de Saint-Pétersbourg), Vianesi,
chef d'orchestre de renom, et enfin un souffleur
qui était aussi un excellent musicien, — sans
compter les artistes de second rang. La plupart de nos collègues étaient de très agréables
camarades.

Mario, parfait gentilhomme et tout à fait
grand seigneur, portait dignement son titre de
marquis de Candia. Il n'avait pas la moindre
idée de la valeur de l'argent qu'il remuait à
pleines mains comme des grains de sable. Dès
qu'il entrait dans un magasin, les prix y mon-
taient comme par enchantement, car tout le
monde le connaissait à cette époque ; et lorsqu'on le plaisantait à ce sujet, il haussait philosophiquement les épaules en disant : « Mais
que voulez-vous que j'y fasse ! »

Je l'ai revu, bien des années après, à Rome,
où il était Conservateur d'un musée. Il était
encore beau et tiré à quatre épingles, avec sa

barbe grise, son teint frais et la fleur blanche
qui ornait toujours sa boutonnière.

Grisi était ignorante et mal élevée, mais elle
avait un tempérament de feu. Elle était très
belle de visage mais non de corps, car ses
jambes étaient trop courtes. Sa voix avait un
timbre légèrement nasal et souvent il lui arrivait de s'interrompre pour avaler sa salive ;
aussi était-elle meilleure actrice que chanteuse,
ce qui ne l'empêchait pas d'être remarquable
dans certains rôles, dans celui de *Norma*, en
particulier.

Lorsque, bien des années plus tard, elle
revint chanter en Angleterre, sa voix laissait
fort à désirer. Elle fournit néanmoins au public
anglais l'occasion de montrer une de ses plus
belles qualités, à savoir l'attachement reconnaissant ; et j'ai entendu personnellement quelqu'un s'écrier dans la salle, dès que le rideau
fut tombé : « Pauvre vieille Grisi. Elle ne peut
plus chanter mais elle nous a fait naguère tant
de plaisir ! Bravo ! Bravo ! Encore ! Bis !... »

Madame Gassier était une personne singulière : passionnée, capricieuse, frivole, intri-

gante, elle provoqua bien des petites scènes d'énervement et de jalousie. Elle fut le grain de poivre dans notre vie privée.

Ciampi et Graziani étaient de bons artistes et des gens calmes et agréables.

Durant notre séjour à Londres, mes parents décidèrent un jour d'aller visiter le *Crystal Palace*. Ils commandèrent à cet effet une spacieuse voiture attelée de quatre chevaux qui, à l'heure dite, s'arrêta devant notre demeure dans Albemarle street, au grand ébahissement des badauds. Cette voiture qui, à cause de ses dimensions exceptionnelles, portait le nom de « L'unique », vit s'engouffrer dans ses flancs : Joachim, tout jeune et sans barbe mais non sans son violon ; Antoine Rubinstein, lui aussi très jeune encore ; Chorley, le critique musical bien connu de *l'Athenæum*, qui était un de nos amis intimes et en même temps l'homme le plus laid de la terre mais aussi l'un des plus intelligents et des plus instruits ; Frédéric Leighton, un charmant jeune homme ; Charles Lesley, compositeur remarquable, qui mourut quelques années après ; Piatti, violoncelliste du quatuor de Joachim ; Charles Hallé ; Ella, créateur et impresario des célèbres concerts ; Gye, Directeur de l'Opéra de Covent Garden ; Schoelcher, réfugié français, ami de mon père, homme de lettres et, plus tard, Sénateur ; Miss Gabriel, compositeur de chansons pimentées qui eurent une certaine vogue ; mon oncle Manuel Garcia ; enfin mes parents et moi-même.

Nous passâmes la journée entière à rire et à nous amuser au Crystal Palace qui, à cette époque, était encore des plus intéressants ; puis, vers le soir, nous nous empilâmes à nouveau dans l' « Unique » et nous fîmes une charmante promenade en voiture jusqu'à Greenwich où nous attendait un magnifique *fish dinner*.

L'hôtel était bien situé, tout au bord de la rivière où nous apercevions le fameux *Leviathan* (devenu, depuis, le *Great Eastern*), le plus grand navire qui eût jamais été construit à cette époque. Le repas avait été délicieux, gai, charmant, et chacun s'en félicitait lorsque, tout à coup, on découvrit que Charley avait disparu. Grand émoi, enquêtes, vaines re-

cherches dans tout l'hôtel. Nous commencions
à être sérieusement inquiets lorsque, à l'amusement général, on le découvrit couché sous
la table où il dormait à poings fermés. On
l'y laissa bien tranquille, tandis que Joachim
nous jouait divinement des morceaux de violon
de Bach et que Rubinstein enrageait de n'avoir
pas de piano.

Notre tournée commença bientôt. Dans les
grandes villes nous donnions deux ou trois
représentations, dans les petites une seule ; et
nous voyagions la nuit de façon à pouvoir
répéter dès neuf heures du matin. C'était fati-
gant mais nous étions tous jeunes, gais, endu-
rants et émoustillés par les choses amusantes
qui nous advenaient.

Généralement c'étaient des opéras italiens
que nous donnions ; et rien n'était drôle comme
la prononciation des chœurs anglais. Parfois
même il en résultait des malentendus d'un
caractère plutôt sérieux, témoin ce qui arriva
à une représentation de la *Macbeth* de Verdi, à
Manchester :

Dans la première scène, les trois sorcières,

représentées par trois choristes, chantent en tournant à l'aide d'un bâton le contenu de leur chaudron. A la répétition, elles commencèrent leur chanson à temps mais elles détonnaient, elles détonnaient terriblement avec l'orchestre. Reprise. Même résultat.

« Mais que diable chantez-vous donc, s'écria Vianesi?

— Nous chantons les sorcières dans Macbeth !

— Mais, saperlotte, vous chantez en anglais !

— Mais oui, c'est la musique que nous chantons toujours dans Macbeth. »

Les malheureuses psalmodiaient la vieille mélodie des sorcières dans le drame de Shakespeare.

Que faire? Le souffleur s'élança de son trou, empoigna deux Italiens qui se trouvaient là et, à eux trois, ils chantèrent le trio de Verdi. A la représentation de la soirée, enveloppés dans des draps de lit de façon à cacher leurs barbes, ces trois hommes firent des sorcières fort présentables.

Mais ce n'était pas fini ! Lorsque vint la scène où Duncan et ses partisans pénètrent dans le château de Macbeth, on s'aperçut qu'il n'y avait pas de soldats. Comment sortir de là?

Ce fut encore le souffleur qui sauva la situation, aidé de ses deux gaillards (qui faisaient partie de l'orchestre).

Le premier sortit des portants, son arc sur l'épaule, s'avança raidement sur le plateau et entra fièrement par la porte du château. De là il fit à toutes jambes le tour de la scène derrière la toile de fond, tandis que le second entrait sur le plateau; puis il refit son apparition au moment où le troisième disparaissait dans le château. Comme la musique de la procession dure assez longtemps, il leur fallut répéter huit fois la même manœuvre, de sorte que la suite du roi consista en vingt-quatre hommes qui se ressemblaient singulièrement.

En France, en Italie, en Russie ou en Allemagne, le public se serait esclaffé. Mais, en Angleterre personne n'eut l'idée de sourire, personne ne parut même s'être aperçu du subterfuge. Il en résulta que les chanteurs en prirent un peu trop à leur aise, et que, le fou rire les gagnant de plus en plus, c'est à grand peine qu'ils purent terminer leur partie.

Je n'oublierai jamais certaine représentation de *Rigoletto* à Liverpool : La soprano, Mme Gassier, qui chantait Gilda, était étonnamment fluette et petite de taille. Après la scène où, déguisée en homme, Gilda court après le Duc et est assassinée à sa place, Rigoletto vient réclamer le corps à l'assassin. Celui-ci va chercher le sac dans lequel il a mis la victime, Rigoletto l'ouvre et y trouve sa fille. C'est une scène émouvante et la musique en est fort belle. (Bien entendu, sur la scène le sac ne contient qu'un mannequin).

L'assassin Sparafucile (Ciampi) alla chercher le sac et je l'entendis, derrière la scène, s'écrier « Madonna? Ma chè! » Il réapparut, traînant avec difficulté quelque chose au bout d'une corde. « Guarda chè cosa! » me cria-t-il de la scène à la loge que j'occupais près de la rampe. Et il éclata de rire. Pendant ce temps il tirait, tirait sur la corde, tant et si bien qu'à la fin apparut une chose monstrueuse : un énorme sac bourré de paille à en crever au bout duquel pendaient deux grandes bottes de policeman dont une seule aurait presque suffi pour contenir le corps de madame Gassier.

Dès que les artistes en scène virent ce formidable contre-sens, ils ne purent se retenir et leur chant se transforma en un rire homérique, tandis que Vianesi laissait tomber son bâton, posait sa tête sur son pupitre et riait à en pleurer.

Pendant ce temps, l'orchestre continuait à jouer tout seul de son mieux; et Rigoletto, assis sur le sac et la tête dans les mains, sanglotait de rire. Le rideau tomba. — Et le public? demandez-vous. Hé bien! le public était resté assis à sa place, sérieux, profondément ému, persuadé que tout s'était passé normalement...

On devait jouer *Don Juan;* et Ciampi ne savait pas une note de son rôle, car il apprenait avec une telle difficulté que je l'avais fait travailler durant plusieurs semaines sans réussir à lui mettre dans la tête même la finale du dernier acte.

La soirée eut lieu après une répétition rapide

à laquelle le machiniste n'avait pas assisté. Tout alla bien jusqu'à la scène du cimetière. Le rideau se leva alors et nous montra, à notre grande stupéfaction, le Commandeur suspendu en l'air; je dis : suspendu, car il n'avait pas de cheval sous lui. Le malheureux machiniste avait posé son monument de face au lieu de le mettre de profil; et comme le cheval était fait en carton, on ne distinguait qu'une ligne sous le Commandeur qui restait magiquement suspendu dans l'espace.

Dans le dernier acte, Don Juan, servi par Leporello, est en train de souper lorsqu'entre Donna Elvira qui le supplie de se repentir. Il s'y refuse ironiquement; désespérée elle se sauve, rencontre à la porte l'Hôte en pierre et pousse un cri perçant.

A ce moment tous les yeux étaient, naturellement, fixés sur la porte par où Elvira venait de disparaître, lorsqu'à pas lents et majestueux, le Commandeur fit son entrée *du côté opposé*. Du coup, mon Ciampi perdit complètement la tête : il se glissa sous la table et ne chanta plus une seule note. C'est en vain que, cachée derrière un portant, je lui soufflais son rôle... autant essayer de souffler à un sourd et muet !

Mais le plus fort allait venir !

Pendant que la statue chantait cet admirable passage «Dammi la mano inpegno» et que Don Juan se tordait sous l'étreinte de la main de pierre, le machiniste se dit : « Il est temps de les envoyer aux Enfers » ! et il commença à descendre la trappe. Je lui criai : « C'est trop tôt ! » Il arrêta la manœuvre ; mais le mal était fait : la trappe était déjà descendue de façon qu'on ne voyait plus que la tête des deux personnages comme s'ils étaient assis dans une baignoire ; et c'est dans cette situation qu'ils chantèrent la finale... avec succès.

A Dublin, au moment où ma mère fit son apparition pour la première fois je ne sais plus dans quel opéra, elle fut accueillie par une bordée de coups de sifflet. Elle hésita un instant puis se mit à chanter. Lorsqu'elle eut terminé le premier acte, les coups de sifflet reprirent de plus belle, furieusement, interminablement.

Rencontrant derrière la scène l'impresario qui venait à elle, les mains tendues, elle lui dit : « Ce n'est pas bien, monsieur Beale ! Vous auriez dû me prévenir que le public m'est hostile. »

— Comment ! Mais c'est un triomphe comme je n'en ai jamais vu ! Vous ignorez donc qu'en Irlande on siffle au lieu d'applaudir ! »

C'est là, évidemment, une façon originale de montrer sa satisfaction ! Mais ce public était amusant de toutes les façons : tantôt, pendant l'entr'acte, quelqu'un se levait pour prononcer un discours ; tantôt on imitait les artistes ; tantôt les plansanteries et les quolibets se croisaient d'un bout à l'autre de la salle. Bref il n'y avait plus traces de la raideur anglaise ; elle était remplacée par une grande vivacité et souvent de l'esprit.

A ce propos, qu'il me soit permis de raconter en passant la petite anecdote que voici :

Un jour, au moment où nous sortions de l'hôtel, nous vîmes passer un tout petit gamin à cheval sur un énorme cheval de trait. On eut dit un singe sur un éléphant.

Appuyé oisivement contre un mur, un ouvrier qui fumait tranquillement sa pipe lui cria : « Pourquoi ne te mets-tu pas à l'intérieur de ton cheval? » — J'ai perdu la clé, — rétorqua le gamin avec l'esprit de répartie qui caractérise les Irlandais.

Mais, à Dublin, il nous fallait faire attention à la mise en scène sous peine de nous exposer à quelque avanie de la part de ce public vivace. C'est cependant là que se produisit, durant une représentation de l'*Orphée* de Glück, un incident peu banal :

Ma mère (Orphée) et mademoiselle Orwil (Eurydice) devaient chanter le livret français auquel elles étaient habituées; mais madame Gassier (Amor) ne connaissait pas cet opéra. Je lui avais donc enseigné son rôle; et, comme le souffleur ne parlait pas le français, je devais prendre sa place. A la répétition on s'aperçut qu'il n'y avait pas, à l'orchestre, suffisamment de musiciens pour accompagner la scène de l'écho du premier acte. Mais comme on avait découvert un harmonium, il fut entendu que, le soir, je ferais l'orchestre de scène. En ce qui concerne les danses, on ne put les répéter, car aucune danseuse n'était venue à la répétition.

Qu'on juge si ce soir-là je fus occupée : d'abord j'avais à habiller Eurydice, puis à faire répéter pour la dernière fois son rôle à Amor, puis à jouer de l'harmonium, à faire le souffleur, etc., etc.

Je frappai à la loge d'Amor : « Entrez, dit une voix ». Et j'éclatai de rire — tant j'étais encore innocente ! — en voyant madame Gassier, dans le costume de Cupidon, assise sur les genoux de M. B... de qui elle caressait gentiment la longue barbe blonde...

Mais, revenons à la représentation : d'abord il n'y eut pas d'anicroche. Je jouai l'écho, remplis mon rôle de souffleur et me régalai de la belle musique.

Mais voici les Champs-Élysées avec leurs danses qui allaient me causer bien des embarras : les danseuses étaient bien là ; mais elles n'avaient pas la moindre idée de ce qu'elles devaient faire, et, quoiqu'assez ignorante, je dus m'improviser maîtresse de ballet. Tenant à la main la partition de piano, je comptai

rapidement les mesures et distribuai mentale-
ment les danseuses de façon à pouvoir leur
donner mes instructions lorsque le moment
serait venu : D'abord deux danseuses : Passez
gracieusement devant la rampe. Mouvement
de bras. Maintenant trois danseuses ensemble :
Imitez les deux autres. Puis deux, puis trois
danseuses : Rejoignez-vous, tournez lentement,
avec grâce. Maintenant... et ainsi de suite
jusqu'à ce qu'elles furent toutes sur le plateau
où je les abandonnai à leur sort. J'en avais
chaud !

La chance nous favorisa et tout se passa
bien. Eurydice fut ramenée des Enfers, tour-
menta son époux jusqu'à ce qu'il la regardât,
puis elle s'évanouit. Or, elle devait tomber sur
un banc de pierre ; mais, comme elle était
très myope, elle culbuta à côté.

Personne ne rit, la situation était trop empoi-
gnante, Orphée trop sublime.

Après la mort d'Eurydice, ma mère se mit
à chanter l'air bien connu :

J'ai perdu mon Eurydice...

Elle chanta les premiers vers avec une profonde tristesse lyrique, les suivants en pleurant à côté du corps inanimé ; et, afin de pouvoir s'élancer en avant dans une frénésie de désespoir, elle se recula sur le plateau. Or, dans son élan, Orphée glissa sur le plancher et tomba violemment sur les deux genoux à côté de la rampe. Ici se révéla une fois de plus la grande artiste qu'était Pauline Viardot : elle resta dans cette position jusqu'à la fin ; et ses gestes, son expression, son chant furent si magnifiques qu'il y eut une véritable tempête d'enthousiasme dont le délire mit longtemps à s'apaiser.

Comme je viens de parler d'*Orphée*, j'aimerais à dire encore quelques mots de cet opéra et de sa première représentation au Théâtre Lyrique de Paris en 1859.

On se rappelle sans doute que Glück en a écrit deux versions, l'une en français pour contralto, l'autre en italien pour ténor. Comme la partition française est un peu obscure et incorrecte, il fallait, pour la mettre au point, quelqu'un qui connût à fond le genre de

Glück. Personne ne pouvait mieux y réussir que Berlioz, lequel s'en chargea volontiers et dirigea la plupart des répétitions.

Le rôle d'Eurydice devait être rempli par Marie Sasse dont la belle et puissante voix avait été découverte un an auparavant dans un café chantant (le Café du Géant, ainsi dénommé parce qu'on y montrait un géant). Complètement illettrée, Marie Sasse n'avait pas la moindre idée de ce que pouvaient bien être Glück ou Orphée. On lui avait dit que l'un était un compositeur et l'autre un chanteur et cela lui avait suffi. A la répétition générale elle demanda à ma mère si M. Glück était là. « Non, il est absent ». — Eh bien, alors, il me semble que M. Berlioz a un fier aplomb de régler les *tempi* en son absence. » Quant au rôle de l'Amour, il était tenu par une chanteuse assez jolie mais replète. Elle faisait un Cupidon grassouillet, ce qui n'a rien pour surprendre, car, invariablement, entre chaque acte, elle dévorait une côtelette de mouton.

Venons maintenant à ma mère. Il m'est difficile de parler de sa création d'Orphée par

crainte d'être taxée d'exagération ou de parti-
pris. Je me bornerai donc à dire que je l'ai
entendue trente-quatre fois dans ce rôle (l'o-
péra a été donné cent quarante-deux fois de
suite) et que, malgré mon esprit critique, j'ai
été émue chaque fois. Son Orphée était toujours
différent, avec des retouches inattendues qui
le rendaient nouveau.

Ce qu'il y a de plus remarquable à ce sujet
c'est que, longtemps, ma mère était demeurée
perplexe relativement à l'interprétation de son
personnage. Naturellement elle l'avait étudié
à fond, presque dans les moindres détails,
elle en avait approfondi les sources classiques,
et elle en avait même composé le costume. Mais
ce n'est qu'à la dernière heure qu'elle eut
comme la révélation de ce que devait être son
héros. On sait le rare chef-d'œuvre artistique
qu'elle en fit.

Au moment où se donnait l'opéra de Glück,
on jouait à Paris *Orphée aux Enfers* d'Offen-
bach, ce qui occasionna plus d'un quiproquo.
Un soir, tandis qu'Orphée pleurait et se lamen-

tait sur la tombe d'Eurydice pendant que les prêtresses marchaient en procession autour de l'autel, je surpris dans une loge voisine la conversation suivante :

La femme : « Qu'est-ce que c'est? Qu'est-ce qu'ils font?

L'homme : « Ça ne peut être que des rites juifs.

La femme : (tandis que des formes voilées errent sur la scène qui représente les Champs-Élysées). « Qu'est-ce qui arrive à présent?

L'homme : « Je n'en sais, rien ; mais ça se passe dans les régions éthérées.

La femme : (très désappointée) « Eh bien vrai! On nous avait dit que c'était amusant! Tu trouves ça drôle, toi! »

Inutile d'ajouter, je pense, que ces braves gens avaient pris l'opéra pour l'opérette.

Comme l'on sait, il arrive assez fréquemment que des femmes tombent amoureuses d'un acteur ; non pas de la personne même de l'acteur mais du personnage qu'il incarne, tels Roméo, Lohengrin, etc. Or, un jour, une jeune fille s'éprit follement d'Orphée. Désolés de voir

dépérir leur enfant, ses parents vinrent trouver
ma mère pour la supplier de leur venir en aide.
« Amenez-moi votre fille demain, dit ma mère ;
je vous promets de la guérir. » Le lendemain
matin se présenta une jeune fille tremblante
d'émotion à l'idée de contempler enfin l'Orphée
de son cœur. Ma mère la reçut en robe de
chambre, décoiffée, irritée, aussi désagréable
qu'il lui fut possible de paraître.

Était-ce là son Idéal ! son sublime Orphée !
Las ! la pauvre enfant éclata en sanglots et se
retira cruellement désillusionnée, mais guérie
à tout jamais...

Enfin, voici encore une petite anecdote assez
touchante : Tous les soirs, lorsque ma mère
entrait dans sa loge, elle y trouvait un superbe
bouquet qu'une main inconnue y avait déposé.
On n'avait vu personne, si ce n'est une femme
qui avait passé dans les couloirs avec des fleurs
au bras. Décidée à savoir qui lui faisait régulièrement ces offrandes, ma mère vint un soir
au théâtre avant l'heure habituelle et se mit
aux aguets près de la porte donnant accès à
la scène. Bientôt elle vit entrer une femme du

peuple, qui portait dans ses mains le tribut habituel ; elle l'arrêta et finit par lui faire avouer que ces fleurs, c'était elle-même qui les offrait. Ouvrière en orfèvrerie, veuve et habitant chez sa sœur, elle dépensait le plus clair de ses salaires à acheter des billets pour *Orphée* et des fleurs pour son interprète... Ma mère en fut très émue. Elle alla voir la brave femme, la reçut chez elle ; et, jusqu'à la mort de ma mère, cette ouvrière resta l'une de ses plus ferventes admiratrices, qui jamais n'omit de lui envoyer un bouquet à l'occasion de son anniversaire.

CHAPITRE X

La Ville de Paris ayant institué un prix des‑
tiné à récompenser la meilleure œuvre musi‑
cale, prix qui consistait alors en une somme
de 10.000 francs et trois auditions sans frais
par les chœurs et l'orchestre de l'Opéra, je
résolus de participer à ce concours pour *Le
Grand Prix de la Ville de Paris*. Je composai
donc et envoyai une cantate anonyme pour
soli, chœurs et orchestre.

Le jury fit sa sélection parmi les trente-cinq
ou trente-six œuvres reçues, en retint sept,
puis deux seulement qui étaient *Le Tasse* de

Godard et mes *Fêtes de Bacchus*. Il hésitait entre les deux lorsque quelqu'un dit, au sujet de celles-ci : « Il est impossible que nous décernions le prix à cet ouvrage. J'en reconnais l'écriture qui est celle d'une femme ; et ce serait une honte pour nous de donner la palme à une femme ». De sorte que ce fut Godard qui obtint le prix, et, grâce à lui, la notoriété (1), car il vit accepter immédiatement son *Jocelyn* par l'Opéra-Comique.

Cet échec m'affecta profondément et il eut une longue et fâcheuse répercussion sur ma carrière de compositeur (bien que ma cantate ait été jouée par la suite, sous ma direction, à Stockholm où elle eut le succès que j'en désirais).

Une autre de mes compositions, *Caïn*, fut chantée chez mes parents à Paris en présence d'Ambroise Thomas, de Gounod, Gevaërt, Faure, Massenet, Godard, Lalo, Lefèvre, Dubois et d'autres musiciens de marque. Elle

---

(1) Ces faits me furent rapportés, quelques années après, par Vaucorbeil, Directeur de l'Opéra, qui avait présidé le jury dont il s'agit. Il me montra les notes élogieuses qui avaient été données à mon ouvrage.

eut un gros succès et l'on me conseilla vivement de la faire exécuter en public par l'orchestre Lamoureux.

Pour cela, il fallait quelques billets de mille francs afin d'acquitter les frais de copie, de répétitions, etc. Or je n'avais pas d'argent disponible à ce moment ; et personne ne songea à m'aider pécuniairement, persuadé qu'on était, que ma famille avancerait les fonds nécessaires. Elle n'en eut pas l'idée et je fus trop fière pour les lui demander.

Ces deux faits montrent bien à quel point une femme est handicapée par des préjugés et un parti-pris qui l'empêchent d'*arriver* et d'être appréciée à sa valeur : « Voyons ! Vous savez bien qu'une femme est incapable de composer », entendons-nous dire à chaque instant. A moi-même il m'est arrivé d'entrer, à Baden-Baden, chez un marchand de musique pour y demander le *Quatuor Espagnol* pour piano et instruments à corde de Madame Héritte-Viardot. « Nous ne l'avons pas », me fut-il répondu. — Mais si ! vous l'avez même là, à la devanture ; le voici. — Ah mais ce n'est pas par une femme ; une femme n'a jamais écrit de quatuor (*sic*).

Puisque j'ai cité la ville de Baden-Baden, le moment est venu de parler des séjours que j'y fis.

Notre villa, construite par un Anglais, avait l'allure d'un chalet. Elle était située dans un endroit fort retiré (1), dans la vallée du Tiergarten d'où l'on avait une vue splendide. Au bout du jardin qui comprenait une magnifique roseraie, mes parents avaient fait bâtir une petite salle de concert avec un orgue d'église par Cavaillé-Coll, de Paris ; et Tourguenieff, de son côté, avait acheté un terrain contigu au nôtre sur lequel il avait fait construire la Villa Tourguenieff.

A cette époque, Baden-Baden jouissait d'une vogue extraordinaire et d'une réputation mondiale. Les salles de jeu ne désemplissaient pas ; et les étrangers affluaient dans cette ville où ils jetaient l'or à pleines mains.

La Villa Viardot était particulièrement

(1) Actuellement la ville a absorbé, en s'étendant, tous ces terrains.

Pauline VIARDOT
Rôle d'*Orphée*

recherchée. Les jeunes gens de marque, les personnages célèbres, les souverains venaient assister aux représentations, aux concerts et aux soupers qui s'y donnaient fréquemment. L'Empereur Guillaume Ier (à cette époque Roi de Prusse, seulement); l'Impératrice Augusta, la Grande-Duchesse de Bade, Bismarck, Moltke, et tant d'autres s'invitaient sans prétention, restant généralement à souper et se mêlant avec simplicité et amabilité aux autres convives.

Un jour que je demandais au roi s'il aimait réellement la musique ou s'il se bornait à la tolérer, il me répondit : « Ma foi, la vérité c'est que je n'y entends rien. Lorsque j'assiste à un concert je ne sais jamais pourquoi il commence et pourquoi il finit. Tandis que la musique militaire a un but précis. »

La reine Augusta, au contraire, adorait la musique et la peinture. Elle était très lettrée et très au courant de tout, ce qui lui permettait de parler à chacun de ses œuvres ou de ce qui l'intéressait.

Quant à la Grande-Duchesse Louise de

Bade elle aussi aimait beaucoup les beaux-
arts. Toujours elle fut charmante pour moi,
tant à Baden-Baden que lorsque je me trouvais
à Tarasp; et je n'oublierai jamais le grand
encouragement qu'elle me donna en me disant,
lorsque pour la première fois je chantai en
public, en 1858 (c'était à Carlsruhe, à un concert dirigé par Lévy) : « Je suis si contente,
Louise, de vous voir commencer à voler de
vos propres ailes et de voir ces ailes si puis-
santes! »

Parmi nos commensaux, il en était deux,
Rubinstein et Gustave Doré, que le démon du
jeu tenait fortement dans ses griffes. Tous les
deux laissaient sur le tapis vert des sommes considérables et ils s'estimaient heureux lorsque,
à la fin de la saison, leurs pertes respectives
n'avaient pas dépassé 100.000 francs. Rien ne
leur servait de gagner par leur travail beaucoup
d'argent puisqu'ils avaient constamment la
poche vide. Doré, surtout, était enragé, et il
n'y avait pas moyen de l'arracher de la table
de jeu.

Un jour qu'il était venu encore emprunter

de l'argent à mon père, celui-ci lui dit : « Mon cher ami, vous n'aurez plus un sou! Mais voici ce qu'on va faire : je vais aller à la gare vous acheter un billet pour Paris où vous filerez tout de suite auprès de votre mère qui vous attend. Ça vous va-t-il? »

« Mon Dieu, — répondit Doré, — s'il n'y a pas moyen de faire autrement, j'accepte avec plaisir. Allons! »

Les voici partis à la gare, où l'express allait passer une demi-heure après. Mon père donne son billet à Doré et rentre à la maison, enfin rassuré sur son compte.

Or, le même soir, quel fut le premier joueur qu'on vit installé aux tables de jeu? Vous l'avez deviné : ce fut notre ami Doré, lequel avait revendu son billet à un voyageur en laissant partir tout seuls ses bagages déjà enregistrés. (Chose curieuse, il regagna ce soir-là presque tout ce qu'il avait perdu précédemment).

Pour terminer sur une note gaie ce que j'écris au sujet de Baden-Baden, voici une anecdote dont le héros fut notre maître d'hôtel Jean Schoch. Un soir que le Roi Guillaume soupait chez nous après la représentation, il refusa d'un plat qui lui était présenté. Le maître d'hôtel se pencha vers son oreille et lui dit d'un air persuasif : « Prenez-en, Majesté ; c'est fameux ! » Toute la table, et le roi le premier, éclatèrent de rire. Depuis lors, quand, dans ma famille, on veut insister auprès d'un convive, on ne manque pas de lui dire : « C'est fameux, Majesté ».

Ce Jean était, malgré ses *gaffes*, un excellent serviteur ; et comme il n'y mettait pas malice, chacun s'en amusait. C'est ainsi qu'on lui laissa dire longtemps, lorsqu'il annonçait la dame d'honneur de la Reine : *Madame Tonnerre.*

En 1862, selon le désir de mes parents, j'épousai M. Ernest Héritte qui faisait partie de la Légation de France à Berne. Comme il désirait se marier à l'église, j'allai trouver le vicaire de la paroisse en vue de prendre les dispositions nécessaires : « Comment, mon enfant ? Vous n'êtes pas baptisée ! s'écria-t-il. C'est monstrueux ! »

J'expliquai que mon père était libre-penseur et qu'il avait voulu me laisser à moi-même le

choix d'une religion lorsque je serais arrivée
à l'âge de raison.

« Mais alors, vous n'avez jamais été à con-
fesse?

— Jamais.

— Comment voulez-vous que je célèbre un
mariage sans baptême ni communion?

— Tant pis, — lui dis-je, — je n'ai donc plus
qu'à renoncer au mariage religieux... »

Là-dessus il m'entreprit si gentiment, si
sagement que je cédai. « Voyons, lui demandai-
je, pour la Confession et la Communion: est-ce
qu'il n'y a pas moyen de... » et je fis un geste
significatif en frottant mon pouce sur le creux
des autres doigts.

« Hélas si ! » me répondit-il.

Je dus me rendre chez lui à plusieurs reprises
et nous eûmes ensemble des conversations fort
intéressantes. C'était un homme intelligent, de
haute culture, qui, ancien professeur de lycée,
était entré dans les ordres à la suite d'une
affaire d'amour. Lorsque, plus tard, Napoléon III visita la nouvelle église du Sacré-
Cœur, c'est lui qui fut choisi comme guide de

l'Empereur. Il était vicaire en montant en voiture ; lorsqu'il en descendit il était évêque.

Enfin je fus baptisée, avec Tourguenieff comme parrain.

Les premières années de mon mariage s'écoulèrent à Berne, ville triste à cette époque, où il n'y avait ni concerts, ni théâtres, ni amusements, ni société intellectuelle.

Ma seule distraction était d'aller voir les ours dans leur fosse ou de me promener dans les bois, tantôt à cheval, tantôt à pied. Souvent je m'y faisais conduire en voiture et me promenais en lisant durant de longues heures jusqu'à ce que la voiture revînt me chercher.

Un jour que je marchais ainsi en pleine forêt, je vis émerger de derrière des buissons un grand gaillard dépenaillé qui s'avançait vers moi en tendant la main gauche ouverte tandis que de la droite il brandissait un lourd gourdin, d'un air menaçant. Je mis la main à la poche comme pour chercher ma bourse, mais, en réalité, j'en sortis le pistolet que je portais toujours sur moi. Le braquant sur mon homme, je m'avançai rapidement en lui criant : « Arrière !

Arrière! Arrière! » si bien qu'après avoir reculé, il s'élança dans les broussailles où il disparut. Quelle frayeur une toute petite arme peut donner; même... quand elle n'est pas chargée!

Depuis ce jour, c'en fut fini, hélas! de mes belles promenades solitaires, car on me prévint que ces bois étaient infestés de « Sans abri » qui s'y réfugiaient après avoir eu maille à partir avec la gendarmerie.

Au bout d'un an, mon mari fut nommé Consul de France au Cap de Bonne-Espérance.

Or, pour se rendre au Cap, il fallait, à cette époque, environ quarante-cinq jours; et comme j'avais eu, peu auparavant, un fils, il était nécessaire de prendre des précautions pour assurer la subsistance du bébé durant cette longue traversée. Nous engageâmes donc une nourrice qui, au dernier moment, refusa de partir. Heureusement, le collègue de mon mari à Southampton, notre port d'embarquement, put nous procurer sans retard deux chèvres que nous fîmes installer sur le pont.

Tout alla bien au commencement; le cuisinier du bord faisait la traite deux fois par jour et mon enfant progressait. Mais, un beau matin, les chèvres n'eurent plus de lait. Grand fut notre émoi jusqu'au moment où l'on s'aperçut que les matelots étaient venus tout simplement se régaler durant la nuit. Un cadenas les mit pour l'avenir à l'abri de tentations de ce genre et le voyage se continua sans avanies jusqu'au jour où l'une des « mères nourricières » tomba malade et perdit son lait. Heureusement sa compagne ne fit pas de même ; et nous débarquâmes au Cap sains et saufs après avoir pu sauver la vie d'un autre enfant dont la nourrice avait perdu son lait et que la bonne petite chèvre nourrit en même temps que notre bébé.

La villa que nous avions louée un peu en dehors de la ville avait un grand jardin qui faisait mes délices, avec ses merveilleuses fleurs, ses orangers, ses mandariniers et ses figuiers dont les hiboux venaient dévorer les fruits pendant la nuit. Du reste, dans notre quartier, comme dans tous les environs de Capetown, il y avait beaucoup d'ombrages, grâce à la vieille loi hollandaise, toujours restée en vigueur, en vertu de laquelle chaque fois qu'on abat un arbre il faut en planter deux.

La vie au Cap était très agréable et, comme c'est le cas dans toutes les colonies britanniques, il y avait quantité de réceptions, de distractions et de divertissements que chacun choisissait à son gré. Pour ma part, je donnai la préférence à la musique, l'équitation et la voiture.

Comme il y avait tous les éléments artistiques désirables, je formai une société chorale de bons amateurs, hommes et femmes, qui, bientôt, fit de l'excellente musique, chanta des messes au profit d'œuvres de bienfaisance et donna même des concerts assez remarquables à des invités de choix.

[illegible]

CHAPITRE XI

SAINT-PÉTERSBOURG

Peu après avoir rejoint mes parents à Baden-Baden, je tombai malade et dus aller faire une cure à Tarasp. A mon retour à Bade je fis, — comme je crois l'avoir dit, — la connaissance de Nicolas Rubinstein. Il me recommanda chaleureusement à la Grande-Duchesse Hélène qui m'offrit le poste de Professeur au Conservatoire de Saint-Pétersbourg qu'elle avait créé et dont Rubinstein était, depuis plusieurs années, directeur en Chef. Après son départ, la Grande-Duchesse continua à patronner cette institution et à s'y intéresser jusque dans ses moindres détails. C'était une femme de grande intelligence et de haute culture intellectuelle. Elle m'a toujours témoigné une bienveillance particulière; et, si je l'ai vue souvent froide et altière avec d'autres personnes, elle s'est sans cesse montrée à mon égard cordiale, simple et amicale. J'étais toujours admise immédiatement en sa présence et nous avons passé bien des matinées agréables à causer ensemble dans son boudoir dont la porte était consignée afin qu'on ne nous dérangeât pas.

La Grande-Duchesse m'avait chargée d'organiser un concert chaque semaine en me laissant le soin de composer le programme et de choisir les interprètes. Les auditeurs en étaient triés sur le volet; et nous eûmes ainsi de bien belles soirées.

A notre premier concert, où nous chantions l'*Acis et Galathée* de Handel, il se produisit l'incident suivant :

Au milieu du grand salon de réception, on avait élevé une estrade fermée de trois côtés par de lourds rideaux en peluche derrière lesquels nous étions enfermés comme des canaris dans une cage couverte. Cela ne me plaisait pas ; mais, pour l'instant, il n'y avait rien à y faire. Dès que tous les invités furent assis, on tira les rideaux et le concert commença. A la fin de la première partie, les rideaux se refermèrent sur nous. A ce moment, la Baronne de Rhaden, de la suite de la Grande-Duchesse, vint me chercher de la part de Son Altesse Impériale qui me demandait. L'occasion que je cherchais m'était ainsi fournie : je fis semblant d'être embarrassée et répondis qu'il m'était pénible de ne pouvoir me rendre à cette invitation par crainte que mes collègues ne se sentissent diminués par la faveur particulière dont j'étais l'objet. Ah! s'il n'y avait pas eu ces affreux rideaux qui nous isolaient du reste du monde et me forçaient à partager le sort de mes amis, ç'eut été fort différent. La Dame d'Honneur me regarda avec étonnement, mais elle retourna vers la Grande-Duchesse et lui rapporta mes paroles. Deux minutes après, des laquais venaient ouvrir les rideaux et je descendais dans la salle pour être présentée à la Cour.

Un souper suivait le concert. Il était servi

dans deux salles : dans l'une étaient dressées
deux tables, l'une pour la Cour, l'autre pour
les invités ; dans l'autre devaient souper les
artistes.

A peine étions-nous assis, causant et riant,
que la Baronne de Rhaden apparut de nouveau.
Elle venait me chercher pour me conduire à la
table royale, sur le désir de la Grande-Duchesse
qui désirait m'avoir auprès d'elle. Cette fois-ci
cela devenait tout à fait délicat ; mais je n'hésitai
pas et j'expliquai qu'il m'était impossible de
quitter mes compagnons sans les offenser.
J'étais, je l'avoue, un peu inquiète du résultat
de mon aplomb, car, comme l'on sait, un
désir exprimé par la Cour équivaut à un ordre.
Mais j'avais bien préjugé de l'esprit de la Grande-
Duchesse : quatre domestiques entrèrent dans
notre salle, soulevèrent notre table toute chargée et la transportèrent à côté de la table
impériale. Ainsi fut réglé une fois pour toutes
le protocole. Les rideaux disparurent dorénavant, et les artistes furent admis à la table
impériale où, toujours, ils furent traités avec
les plus grands égards.

En ce qui me concerne, la petite leçon porta ses fruits : la Grande-Duchesse se montra plus aimable que jamais et elle m'invita à passer mes vacances chez elle à Oranienbaum, sa résidence d'été. Toute une aile du château m'y fut réservée ; j'avais à ma disposition chevaux et voitures et un nombreux domestique ; bref j'y étais traitée en princesse. Mes soirées se passaient généralement auprès de la Grande-Duchesse ; et Rubinstein venait souvent de Saint-Pétersbourg faire de la musique avec moi. Quant à mes soirées libres, la situation retirée du château, le silence absolu de la nuit, me les faisaient paraître délicieusement reposantes après l'existence agitée et énervante de Saint-Pétersbourg. Je les employais à lire où à écrire jusqu'à une heure avancée, en compagnie d'un certain nombre de hiboux qui, attirés par la lumière, venaient régulièrement se percher en longue brochette, sur le balcon d'où ils m'observaient de leurs gros yeux ronds et brillants. Dès que j'éteignais la lumière ils repartaient dans les bois.

Comme ma santé laissait à désirer, je dus

demander au Conservatoire un congé de Pâques.

Une de mes amies, mariée, voulait aller rejoindre son mari à l'intérieur de la Russie ; mais craignant, en raison de sa santé délicate, les fatigues de ce long voyage, elle m'avait demandé de l'accompagner et j'avais accepté. Il était près de minuit lorsque nous arrivâmes à Moscou où nous avions l'intention de descendre à un hôtel que nous connaissions. « L'hôtel a été détruit par un incendie il y a deux jours », nous dit le cocher. — Eh bien ! conduisez-nous ailleurs. » Bientôt, il s'arrêta, en effet, devant un autre hôtel dont un portier ensommeillé nous conduisit à deux petites chambres assez misérablement meublées. Il était tard ; et comme il s'agissait d'y rester une nuit seulement je pensai à mon grand-père et me dis : « Bah ! pour cette fois ça peut passer ! » Mon amie, très fatiguée, se coucha immédiatement tandis que moi, selon mon habitude, je furetais un peu jusque dans le corridor. On y entendait des rires bruyants, des jurons obscènes et j'avais l'impression d'être dans un endroit tout au moins singulier. Enfin, comme en voulant fermer la porte, je m'aperçus qu'elle n'avait ni clé ni verrou, je compris où nous nous étions fourvoyées. Je poussai la grande table contre la porte, posai des bagages dessus; et le matin me trouva assise sur une chaise avec les pieds appuyés sur cette barricade improvisée. A six heures, au grand étonnement de mon amie, je la réveillai : « Vite, levez-vous ! Il faut partir tout de suite ; nous allons déjeuner dans un autre hôtel. Je vous expliquerai tout cela tout à l'heure. » Heureusement, comme nous étions arrivées tard et parties tôt, nous n'avions été vues que par le portier de l'hôtel !

Après Charkov il fallait quitter le train et gagner par la route notre destination dans le Gouvernement d'Ekaterinoslav. Nous partîmes dans une lourde voiture fermée posée sur des patins de traîneau et traînée par quatre bons chevaux.

Au départ, le sol était gelé, dur et glissant ; mais, au bout de quelques heures, le dégel commença et, avec lui, la sarabande de notre véhicule qui, sur la route détrempée, faisait des embardées et des bonds que seules connaissent les personnes qui ont voyagé en voiture à l'intérieur de la Russie. On dut enlever les patins ; et c'est en cahotant sur les roues que, meurtries, étourdies, courbaturées, nous arrivâmes enfin à G... dont le mari de mon amie dirigeait une des mines de charbon.

Peu après notre arrivée, son secrétaire et son comptable l'ayant quitté, je proposai, pour le tirer d'embarras, de faire temporairement office de secrétaire. Mon nouvel emploi me parut d'abord intéressant, car non seulement il impliquait la correspondance en russe, français, anglais et allemand, mais aussi la surveillance des ouvriers dont, dès six heures du matin, je devais contrôler l'arrivée aux puits.

Le printemps est fort précoce dans la Russie méridionale ; de sorte que les chemins dégelés étaient impraticables. Lorsque le temps était beau, je portais de hautes bottes d'homme pour me protéger de la boue ; lorsqu'il faisait mauvais, je montais un vieux cheval bigot qui, toutes les dix minutes, se mettait dévotement à genoux.

C'est là que j'ai appris à apprécier la poésie

des steppes. Ces immenses plaines couvertes de
fleurs, dont l'uniforme monotonie s'étend à
perte de vue, donnent bien un portrait fidèle de
l'âme russe. Nulle part, à ma connaissance, la
douceur du printemps et les chaudes soirées
n'ont un charme aussi prenant; et nulle part je
n'ai entendu d'aussi admirables rossignols.

A ce propos, on sait que le chant du rossignol
diffère sensiblement selon la contrée et la lati-
tude. Tantôt il donne une note dure, sèche et il
chante comme une triomphante *prima donna;*
tantôt, au contraire, son chant est doux, suave,
poétique et mélodieux. Autrefois, (j'ignore si
cela existe encore), il y avait à Toula une
école de rossignols. On y crevait les yeux aux
meilleurs chanteurs qu'on enfermait dans une
cage, environnée d'autres cages contenant les
élèves. Comme sa cécité plongeait le professeur
dans des ténèbres perpétuelles, il chantait
presque sans discontinuer et les autres rossignols s'habituaient à l'imiter. On formait ainsi
des chanteurs remarquables qui se vendaient
fort cher.

Après mon congé, je rentrai à Saint-Pétersbourg où je repris la direction de ma classe.
Elle était au complet, mais mon enthousiasme
décroissait. La vie mondaine à Saint-Pétersbourg est, en effet, très fatigante pour les
personnes qui travaillent, car on ne se couche
jamais qu'à trois ou quatre heures du matin et,
à neuf heures, il faut reprendre ses occupations
professionnelles. On se soutient par les nerfs ;
mais, peu à peu, cette existence intensive use la
résistance ; et l'énergie vitale s'amollit singulièrement. C'est là ce que j'éprouvais ; et, au
bout de quelques années, je trouvai trop dure
et ingrate ma situation officielle au Conservatoire.

Le Directeur de l'Opéra Russe vint, sur ces
entrefaites, me demander si j'étais disposée à
profiter d'une occasion qui se présentait pour
mes débuts au Théâtre. « Mais comment donc !
Quelle est cette occasion ? — Il s'agit de remplir le principal rôle dans *Rogneda*, l'opéra
de Sérov. — Très bien ! Quand ? — Dans
cinq jours d'ici. — Comment ? Cinq jours seulement pour apprendre un rôle que j'ignore

complètement et que j'aurai à chanter en une langue étrangère ! — Mais oui, car autrement vos débuts sont retardés d'un mois. — Et les répétitions ? — Vous en aurez une pour vous avec orchestre, car les autres artistes n'en ont pas besoin ; ils ont souvent chanté cet opéra. »

Après avoir réfléchi un instant, j'acceptai, fière des difficultés que j'aurais à surmonter et heureuse d'éprouver mon énergie.

Je travaillai nuit et jour et réussis à me faire une vague idée du rôle que j'incarnais. A la répétition je restai passive, ne songeant qu'à mes entrées et sorties, en notant les moments où j'avais à chanter. Enfin vint la fameuse soirée où j'allais faire ma première apparition comme cantatrice d'Opéra. J'étais fortement émue et j'étais si peu sûre de moi que j'avais comme l'impression de me jeter tout habillée à l'eau sans savoir comment j'en sortirais.

Bref, je fis ma première entrée en scène. Mais avant même d'avoir desserré les lèvres, je fus accueillie par une effarante bordée de coups de sifflet. Comme cela ne se passait pas en Irlande, je restai un instant interloquée, cherchant à distinguer de quelle partie de la salle partait cette manifestation hostile, brutale et injustifiée. Quelle ne fut pas mon indignation en constatant que tout le Conservatoire était là, armé de sifflets et, — chose encore plus abominable, — qu'il était dirigé par mon ami Rubinstein en personne.

Le sentiment de révolte décuplant mes forces, je me jurai de « vaincre ou de mourir » et je me mis à chanter de mon mieux sans prêter la moindre attention à l'élément de désordre. Je constatai bientôt à ma grande joie que je n'aurais pas à mourir. Car les sifflets se turent peu à peu, le tumulte s'apaisa et à la fin du premier acte, toute la salle applaudissait. Quant à Rubinstein, il accourut le premier dans ma loge et me baisa humblement les mains en me demandant pardon. A chaque acte mon succès grandissait; c'étaient rappels sur rappels; et, lorsque le rideau tomba pour la dernière fois, je fus l'objet de la plus délicieuse ovation qu'un artiste puisse souhaiter : les choristes m'entouraient, baisant mon manteau ou le bas de ma robe, le vieux et célèbre Petrov me bénissait au nom de l'Art, et tout cela avec une telle solennité que j'éclatai en larmes. Lorsque je regagnai mon attelage, je trouvai, m'attendant dans la rue, une foule énorme qui salua mon apparition par des cris délirants. Enfin je réussis à monter en voiture et j'entendis à ce moment quelqu'un s'écrier en français : « Vive la grande fille de sa grande mère ! » Jamais je n'ai reçu plus beau compliment.

Le lendemain de cette fameuse soirée, je signais un engagement régulier à l'Opéra. Puis, au bout de trois mois, vinrent les vacances d'été que j'allai passer en Crimée auprès de chers amis.

CHAPITRE XII

Je partis pour la Crimée durant l'été de
1868. Quelques extraits du journal que je tins
lors de mon second séjour dans cette région,
en 1886, peuvent, je crois, présenter de l'intérêt au point de vue documentaire, car ils
dépeignent assez exactement les coutumes et
la situation russes à cette époque :

Me voici pour la seconde fois en Crimée
que j'ai visitée il y a bien des années. Ce qui
me frappe tout d'abord c'est comme tout y a
changé. Le domaine de mes amis s'est agrandi
et embelli, la maison a été reconstruite.

Jadis il fallait une meute de puissants chiens

de garde pour se mettre à l'abri des insolences de maître Isengrin; et souvent, durant la nuit, nous étions réveillés par le bruit d'une poursuite effrénée et les hurlements spéciaux (ressemblant à ceux du loup) que poussent les chiens lorsqu'ils *mènent* cet animal. Entre loups et chiens c'était un combat à mort. Nombre de chiens étaient tués, d'autres étaient grièvement blessés, presque tous sortaient de la lutte couverts de larges plaies à la tête, aux épaules et aux flancs; les moins atteints avaient les oreilles déchiquetées. Les loups rôdaient souvent autour des habitations, ce qui n'ajoutait guère au plaisir des promenades; et leur audace était devenue dangereuse. Ainsi, un jour qu'en plein midi j'étais assise sous la vérandah, un grand loup pénétra tranquillement dans la cour où il s'assit à une dizaine de mètres de moi, en me fixant avec un très vif intérêt. Il fallut les chiens pour le mettre en fuite.

Aujourd'hui on ne voit plus de loups par ici. Ils ont émigré dans les montagnes et n'en descendent que, lorsqu'en hiver, les moutons sont ramenés dans la plaine. Du reste, on n'entend que des coups de fusil dans les vignobles des environs : le jour pour tuer les grives et les autres oiseaux qui se nourrissent de raisin ; la nuit pour éloigner les renards et les blaireaux.

S'il n'y a plus de grosses bêtes, les petites, par contre, pullulent. Au dehors : la tarentule et une couleuvre inoffensive ; à l'intérieur : des blattes, des scarabées de toutes couleurs et de toutes tailles, des araignées noires comme du jais, des sauterelles, des criquets qu'on ne voit jamais mais qui chantent toute la nuit de façon insupportable, des papillons de nuit, des guêpes, des puces, des punaises, des moustiques, des moucherons qui piquent et surtout d'horribles scolopendres dont ma chambre semble fourmiller. Ces animaux sont longs d'environ six centimètres, minces, poilus, de couleur jaune claire ou orange. Les ayant en horreur, je leur voudrais mille pattes de moins ! Tantôt la nuit, lorsque vous êtes dérangé ou dévoré par toute cette vermine, vous les voyez faire le cirque au plafond au-dessus de votre lit. Ils courent en cercle et inconsciemment on les suit de l'œil dans leurs évolutions rapides jusqu'au moment où ils se laissent tomber sur vous avec un petit bruit flasque ; tantôt vous découvrez sur le mur un trait fin que vous n'aviez pas remarqué ; tout à coup cette ligne s'élargit, d'horribles pattes velues apparaissent et, en une seconde, la vilaine bête a grimpé au plafond ou s'est cachée derrière un meuble. Je passe la moitié de mes nuits à faire la chasse à toute cette vermine ; et, à en juger par les souillures dont les murs sont couverts, je suis devenue fort adroite. Quant aux autres hôtes de la maison, toutes ces sales bêtes les laissaient bien indifférents et ne les empêchaient pas de reposer bien tranquillement.

On prend cependant, contre la vermine, de bonnes précautions : les murs sont blanchis à la chaux et les planchers en bois blanc sont lessivés chaque jour. Mais comment pourrait-on éviter que les domestiques apportent, sur elles, des puces, des punaises et d'autres parasites ?

Car nous ne sommes ici ni en Grande Russie ni en Petite Russie, mais dans l'ancien habitat des Tartares où vivent encore leurs descendants. Or, jamais une femme Tartare ne se lave, si ce n'est lorsqu'en été elle est forcée de traverser à gué un cours d'eau. Aussi ces femmes sont-elles d'une malpropreté repoussante. Malgré leurs pieds nus, elles portent volontiers des robes rouges bordées de perles de couleurs voyantes ; et lorsque, par comble d'élégance, elles se sont piqué une fleur dans les cheveux, elles se croient irrésistiblement belles. Leur seule bonne habitude est de se réunir le soir pour chanter toutes sortes de mélodies orientales que je trouve délicieuses. Quant aux hommes, de qui la peau a une coloration remarquable, ce sont de vrais orientaux portant la culotte, le gilet et le turban turcs.

Le domaine de mes amis est entouré de façon hétéroclite : un village tartare, un village grec, un village de gipsies tartares et des cimetières français, anglais et italien. Ces trois cimetières, que les soldats français ont dénommés *jardins d'acclimatation*, sont situés au faîte de collines où on les aperçoit de fort loin. Ce sont les seules reliques qui subsistent des campagnes de Crimée dont les désastreux effets matériels se firent sentir dans cette belle contrée durant de nombreuses années.

Lorsque je vins ici pour la première fois, Sébastopol était encore un monceau de ruines. Chez mes amis, tous les arbres fruitiers avaient été abattus par les soldats. Aujourd'hui leur domaine est florissant ; et Sébastopol (ou plus correctement Sévastôpol) est une ville neuve, blanche et coquette, bâtie en hémicycle sur le port et sur les collines qui le dominent.

Le bruit ayant couru, il y a quelque temps, que Tolstoï allait passer par Sébastopol, plus de trois cents personnes vinrent au-devant du train avec des fleurs qu'elles voulaient offrir à l'écrivain excommunié. Tolstoï ne vint pas, à l'évidente satisfaction de la police ; mais, cinq jours après, on annonça qu'il allait réellement arriver. Une foule énorme se porta au-devant de lui, dans laquelle on remarquait le chef de la police et ses officiers. Cette fois encore Tolstoï n'arriva pas, mais un policier photographia soigneusement la foule, ce qui permit de connaître les personnes qui osaient protester contre une sentence passée par deux Ministres.

Bien entendu, ce n'avait été pour la Sûreté qu'un moyen de connaître les malheureux qui, à partir de ce moment, furent considérés comme suspects et soumis à une surveillance continuelle. Quant à Tolstoï, s'il n'avait pas été si populaire et s'il n'avait pas eu un aussi grand nombre de disciples enthousiastes, il y a longtemps qu'il serait en Sibérie, traînant à sa cheville un boulet de canon; mais on n'ose pas toucher à sa personne par crainte de représailles et de troubles populaires sérieux. La philosophie de Tolstoï peut être erronée et sa religion constituer un anachronisme; nous pouvons même le considérer comme un peu fou; mais c'est un homme brave et fort qui, dans sa vie privée, donne de beaux exemples à la secte fort nombreuse des *Tolstoïens* formée à son école.

Ici, à la campagne, nous sommes relativement tranquilles, car, lorsqu'on se trouve à vingt-quatre milles d'une ville, la police éprouve de la peine à vous atteindre. Mais on reçoit parfois une visite inattendue de « Ces Messieurs » qui viennent vous interroger. Ils arrivent même quelquefois au milieu de la nuit pour vous demander si, à telle ou telle date, en tel ou tel endroit, vous n'auriez pas vu telle ou telle personne. Vos réponses, écrites et signées par vous-même, font l'objet d'un procès-verbal. Il va de soi que ces visites inopinées impliquent l'offre de thés et de rafraîchissements ; elles sont toujours inquiétantes, car on se demande si, involontairement, on ne s'est pas compromis soi-même ou si l'on n'a pas compromis des tierces personnes. Ceci est l'éventualité la plus favorable, car les choses ne se passent pas toujours aussi bien et il arrive assez fréquemment que quelqu'un soit enlevé d'autorité par la police et disparaisse à tout jamais.

La moindre bagatelle, la dénonciation d'un domestique, suffisent pour qu'on vous confisque vos biens et qu'on vous déporte en Sibérie parmi les quinze ou seize cents malheureux qui y disparaissent chaque année.

Tout ce qui précède peut expliquer le découragement et la tristesse qu'on remarque en Russie où, souffrant cruellement de ce régime, les jeunes générations ne savent plus rire et ont perdu la joie de vivre. Cette situation sociale est positivement navrante ; elle mènera très certainement à des actes de désespoir.

Comme l'on sait, le Tsar actuel (1886) est un homme bon, mais faible et pusillanime. S'il était mieux entouré, on pourrait avoir l'espoir de quelques réformes ; mais, malgré sa bonne volonté, il est impuissant et le « Je veux ! » de ce monarque autocrate n'est qu'un vain mot, comme le prouve l'anecdote suivante :

Certain Ministre ayant reçu l'ordre d'écrire un rapport sur une question importante avait, comme c'est l'habitude, envoyé ce document au Tsar. Mais le rapport fut intercepté et détruit par le Ministre de l'Intérieur qui le trouvait trop libéral.

A quelque temps de là, la question fut discutée en Conseil et chacun y prit la parole à l'exception de l'auteur du rapport. Se tournant vers lui, le Tsar lui dit : « Général, j'aimerais bien connaître votre opinion. — Votre Majesté connaît mes idées par mon rapport. — Quel rapport? Je n'en ai reçu aucun ». Comme l'Empereur insistait, on fit des recherches dans toutes les chancelleries, mais, naturellement, on ne trouva rien.

Ce même Général me fit un jour une réponse bien caractéristique : « Que voulez-vous que je fasse? Dans tout le Cabinet il n'y a qu'une seule voix en ma faveur et c'est celle du Tsar. Je suis surveillé et espionné de tous les côtés et je n'écris ni ne reçois aucune lettre qui n'ait été ouverte et lue par la police ».

Après cette digression un peu longue je reviens à mon Journal de Crimée :

« Il y a une chose, toutefois, qui nous fait oublier nos petites misères matérielles : c'est la musique. Mon ami, le propriétaire du domaine, est cultivateur, viticulteur et écrivain ; mais il est surtout excellent musicien. Nous lisons ensemble des partitions, nous nous disputons souvent, nous tombons d'accord encore plus fréquemment, nous nous jouons réciproquement nos compositions et nous exécutons en duo des quantités de symphonies russes. Cela me permet de connaître des œuvres nouvelles et intéressantes qui me font admirer de plus en plus la force imaginative et l'orchestration des compositeurs russes. A l'exception des quatuors pour instruments à cordes dont le premier mouvement me paraît laisser fort à désirer et dont la forme définitive se dégage mal, les auteurs russes font des merveilles partout où, comme dans la symphonie, ils peuvent donner libre cours à leur imagination. Malgré leur polyphonie et leurs filigranes fignolés, jamais ils ne dépassent les limites de ce qui est *musical ;* et, quelque excentriques ou paradoxales que puissent paraître leurs œuvres, jamais on n'éprouve la crainte qu'ils iront trop loin et finiront leurs jours dans un asile d'aliénés. Liszt déclarait : « L'avenir de la musique est chez les races slaves ». L'avenir seul nous permettra de formuler un jugement à ce sujet ; mais, telle qu'elle est à présent, la musique russe est déjà remarquable au point de devoir retenir toute notre attention.

« Les agréments de la vie extérieure sont la beauté des plantes, des fleurs, des fruits, des montagnes, et des couchers de soleil. Souvent nous voyons des charrettes tartares traverser à gué la rivière, attelées de petits chevaux et

de gros bœufs ; nous les *entendons* surtout,
car la cacophonie de milliers de scies, de
crécelles et de grenouilles ne peut donner
qu'une vague idée du bruit discordant que
font les roues en bois de ces charrettes. Si
vous demandez à un Tartare pourquoi il ne
graisse pas sa charrette, il ne manquera pas de
vous répondre, l'air offensé : « Mais nous
sommes des gens honnêtes ; nous n'avons pas
à nous cacher ! »

Ce faux sens de l'honneur pourrait bien, au
fond, ne provenir que d'une grande paresse et
il me rappelle cette histoire d'un Petit Russien
qui, couché sur le ventre dans sa charrette, et
observant une des roues de derrière qui allait
se détacher, murmurait : « Tombera, tombera pas ! Ça y est, elle va tomber » et qui,
lorsque sa voiture versa en l'envoyant culbu-
ter dans un fossé, s'écria triomphalement : « Ça
y est ! elle est tombée. Je l'avais bien dit ! »

Notre village, situé à une demi-heure de
chez nous, est tout à fait tartare ; il possède un
personnage très important, le Mullah ou prêtre
musulman. Lorsqu'un homme ou un animal

se donne une entorse ou une foulure, ou se brise un membre, on va le chercher ; il examine le membre blessé, le manipule, *le remet* et ordonne un traitement approprié, le tout pour la modique somme d'un rouble. L'exclusivité de ces soins est réservée au Mullah et à sa famille où, de père en fils, se transmettent les secrets de leur art de rebouteurs.

Les tombes tartares, comme toutes les sépultures musulmanes, consistent en un minuscule tombeau et une pierre verticale surmontée d'un turban ou d'un croissant, — telles qu'on en trouve d'ailleurs (mais sans croissant ni turban, bien entendu) à Pompeï, près du four crématoire. — Les cimetières sont loin d'être jolis, car les tombes ressemblent à des jouets et tout y est sec, dur et prosaïque par opposition aux nécropoles musulmanes du nord de l'Afrique auxquelles une luxuriante végétation imprime tant de poésie et de mélancolie.

Les danses tartares sont charmantes, quoique les hommes et les femmes ne dansent jamais ensemble. Placés sur une étroite bande de tapis dont ils ne doivent pas franchir les limites, deux hommes ou deux femmes font leurs évolutions en face l'un de l'autre. Leurs mouvements sont lents, gracieux, solennels comme en une danse sacrée ; leurs paupières restent baissées et ils ne perdent pas leur expression grave même lorsque, la musique devenant plus vive, ils se mettent à sauter. L'orchestre se compose de deux violons, d'une sorte de petite cornemuse comme celle qu'on emploie en Algérie et de quelques tambours et tambourins. Tandis que les violons jouent la mélodie qui revient constamment, les autres instruments produisent, tel un kaléidoscope, une quantité de rythmes improvisés toujours nouveaux ; et l'on a beau les écouter avec l'attion la plus tendue, on ne réussit pas à les transcrire. La musique arabe présente les mêmes caractères, mais la musique tartare est plus originale ; celle-là revêt les anciennes formes grecques, tandis que celle-ci prend son essor sur des ailes orientales.

Il se peut que Mahomet ait interdit l'usage du vin, — bien que je n'aie trouvé aucune mention de cette interdiction dans le Coran où il n'est

question que de l'ivrognerie, — mais il n'a
certainement pas proscrit le vodka. Aussi, fait-
on circuler cette liqueur, à l'occasion des
danses, non pas dans des verres ni dans des
bouteilles, mais bel et bien dans des seaux, ce
qui a pour effet de produire chez les hommes
(car les femmes ne boivent pas) une grande
excitation sans les faire sortir, du reste, des
limites de la bienséance. Comme les Géor-
giens, les Tartares ont leur aristocratie en ce
sens qu'il suffit, je crois, d'être propriétaire
d'un certain nombre de têtes de bétail pour
avoir droit au titre de Prince. J'en ai vu un
l'autre jour qui était presque aussi noir qu'un
nègre. Il portait à son petit doigt une magnifique
turquoise aussi grosse qu'une amande, entourée
de diamants ; et son attitude ne manquait pas
de grandeur. Ce *mursak* (prince) était venu se
faire payer une facture, car il est notre four-
nisseur de moutons.

Pendant que j'écris ces lignes, des cigognes
sont perchées sur les toits environnants, ce qui
me rappelle une histoire qui m'a été racontée
par un témoin oculaire digne de foi : sur le

toit d'un hangar assez bas il y avait un nid de
cigognes et dans ce nid, deux œufs. Frappé de
leur ressemblance avec des œufs d'oie et curieux de savoir ce qui adviendrait, mon ami
enleva les deux œufs et mit à leur place deux
œufs d'oie. Le père cigogne arriva, regarda les
œufs avec étonnement et reprit son vol. Peu
après il revenait avec deux autres cigognes qui
après avoir observé attentivement le contenu
du nid, repartirent en claquant bruyamment
du bec. Sur ces entrefaites la femelle revint,
et ne soupçonnant rien de la tragédie qui se
préparait, elle s'assit tranquillement sur les
œufs qu'elle se mit à couver. A peine y était-
elle que son époux, accompagné et secondé
par une quantité d'autres cigognes, l'attaqua
furieusement. Blessée d'une centaine de coups
de bec, la femelle s'élança dans l'espace où
elle monta « en chandelle » pour retomber,
peu après, morte sur le pavé. L'avait-on punie
du crime d'adultère, était-elle morte en l'air
ou s'était-elle suicidée ? questions intéressantes pour les naturalistes qui prétendent
généralement que les animaux sont incapables

de se donner volontairement la mort. J'ai vu cependant moi-même bien des cas de suicides tout au moins apparents ; mon fils, grand chasseur et observateur de la nature, m'en a cité de nombreux exemples ; et ma mère m'a raconté que, durant un séjour qu'elle faisait chez George Sand à Nohant, elle avait assisté au petit drame que voici : un canard tomba follement amoureux d'une poule et lui fit une cour des plus assidues ; mais toutes ses avances restèrent vaines et rien ne put dissiper la froide indifférence de l'objet de sa flamme. Le canard devint triste, refusa la nourriture et, après avoir été un jour cruellement rebuté, il grimpa sur une échelle appuyée contre un hangar et se précipita à terre avec une force telle qu'il se fendit la tête. Si ceci n'est pas un suicide ça en a tout au moins l'apparence ! »

CHAPITRE XIII

« L'isolement de lequel nous vivons est plus apparent que réel, car nous avons comme visiteurs fréquents des voisins qui n'hésitent pas à faire quinze ou vingt kilomètres pour nous surprendre et s'inviter chez nous durant une ou deux semaines. Il n'y a, en effet, pas de limites à l'hospitalité russe et il arrive couramment qu'une douzaine de personnes, avec leur cocher et six ou huit chevaux, viennent vous faire une visite de plusieurs jours. Dans d'autres pays cela présenterait des inconvé-

(1) Ce chapitre est la continuation d'extraits du Journal que je tins lors de mon séjour chez mes amis en Crimée.

nients et ne serait pas admis ; mais ici on est organisé en conséquence et c'est toujours avec la plus extrême amabilité que l'on reçoit ses amis. Du reste, cet usage présente en Russie le grand avantage que l'on se communique oralement les nouvelles que ne peuvent publier les journaux en raison de la censure excessive et inexorable dont ils sont l'objet. C'est surtout lorsqu'il est question du Tsar que le public est mal renseigné. Ainsi, lorsqu'il s'agit d'un déplacement de l'Empereur, on ne lira jamais : « le Tsar va demain à Livadia », mais il se peut qu'on trouve : « le vapeur *Ariol* (Aigle) part demain pour Livadia ». Les déplacements de l'Empereur sont tenus aussi secrets que possible et les plus grandes précautions sont prises pour assurer sa sécurité.

Lorsqu'il se rendit, par exemple, de Saint-Pétersbourg en Crimée, toute une armée de soldats, d'agents de la Police et de la Sûreté fut mobilisée. En cette occurrence les soldats furent placés coude à coude de chaque côté de la voie ferrée, de façon que personne ne pût rompre leur barrage. Or, la distance de Saint-Pétersbourg à Moscou est de 654 verstes (la verste est de 1.077 mètres), et de Moscou à Sébastopol elle est de 1.440 verstes, ce qui forme un total de 2.094 verstes. On peut juger par là du nombre d'hommes qu'il fallut mobiliser et des fatigues que ceux-ci endurèrent, car, en pareilles conjonctures, les pauvres diables restent parfois en faction pendant plus de 48 heures de suite, l'heure du départ ou d'arrivée du train impérial restant toujours secrète jusqu'au dernier moment. Bien entendu, tout le trafic est interrompu pendant ce temps et les stations sont militairement gardées.

Mais que peuvent les plus minutieuses précautions contre les arrêts du Destin !

Tout le monde sait qu'Alexandre III mourut d'une maladie des reins ; mais on ignore généralement que la cause déterminante en fut un attentat contre sa personne : lorsque le Tsar voyage, une voiture-cuisine est attelée immédiatement derrière le wagon-restaurant pour permettre aux cuisiniers de passer les plats d'une plate-forme à l'autre. Or, profitant de ce que la famille impériale était à table, le cuisinier lança une bombe qui le tua lui-même mais qui défonça la toiture du wagon-restaurant. L'Empereur, doué d'une force peu commune, retint sur son dos le plafond effondré jusqu'à ce que la Czarine et ses enfants fussent sortis du wagon. Il reçut ainsi des lésions internes qui occasionnèrent sa maladie et sa mort. De l'enquête il ressortit que l'auteur de l'attentat n'était autre qu'un officier de bonne famille affilié aux révolutionnaires. Il avait servi comme apprenti dans les cuisines impériales de Gatschina et, après avoir franchi divers échelons, il était finalement devenu chef-cuisinier dans l'espoir de voyager avec le Tsar.

Certes! le sort de l' « Empereur de toutes les Russies » est loin d'être enviable. Ainsi, le pauvre Alexandre III vivait dans une terreur continuelle. Chaque nuit il changeait de chambre à coucher parce qu'on avait découvert que la sienne avait été minée; et, comme on avait trouvé sur sa table à écrire une bougie chargée de dynamite, aucun objet n'était mis ou laissé à sa portée qui n'eût été soigneuse-

ment et journellement examiné. L'Empereur
en était arrivé à suspecter tout son entourage !

Un des grands fléaux de la Russie est la famine. Dans cette immense contrée si riche en
blé, il y a, chaque année, des provinces entières
où la récolte est mauvaise par suite de la séche-
resse ou du froid. Le Gouvernement fait peu
de chose pour secourir la malheureuse population que la faim, le scorbut et le typhus dé-
ciment rapidement. Et les dons particuliers
demeurent impuissants, car ils passent par les
mains de l'Administration et chacun sait ce que
cela veut dire : Si, par exemple, chaque habitant d'un district doit recevoir deux livres de
farine, il ne lui en sera distribué qu'une livre et
quart, car les trois quarts d'une livre auront
disparu dans les vastes poches des fonctionnaires, ce qui, pour une population de 2.000 âmes
par exemple, fait un écart de 1.500 livres.

C'est en vain qu'on a essayé de remédier à
cet état de choses. Ainsi la dame de mes amies
qui m'a mise au courant de ces faits, m'a
raconté à ce propos ce qui lui est personnellement advenu : après avoir réuni environ

6.000 roubles à l'aide d'une collecte, elle se rendit à Saratov où régnait une terrible famine (en 1901). Dans chaque *isba* elle assista aux scènes les plus affreuses. Des centaines de malheureux mouraient sous ses yeux, de faiblesse, d'inanition, de désespoir ou de maladie; — mais rien ne la rebutait. Elle était occupée à remplir sa noble mission en distribuant de la farine et en ranimant les courages lorsque le Gouverneur la fit mander. Il lui demanda ce qu'elle était venue faire; et, sur sa réponse qu'elle distribuait du pain aux affamés: « Avez-vous été envoyée par le Gouvernement ou faites-vous partie de la Famille Impériale?

— Non !

— Non ! Eh bien ! alors, je vous *défends* de secourir n'importe qui, car *il n'y a pas de famine ici* ».

Pour bien le prouver, les journaux locaux publièrent, à quelques jours de là, des articles dans lesquels ils déclaraient que, « contrairement au bruit qui s'était répandu, il n'y avait de famine nulle part ».

Quel que puisse être le but que l'on vise par

d'aussi abominables cruautés, par l'extermina-
tion voulue de populations entières, un jour
viendra où la Nation se lèvera en bloc contre
ses oppresseurs et exercera contre eux de ter-
ribles représailles. Elle est déjà bien surpre-
nante la longanimité avec laquelle le peuple a
supporté ses souffrances en disant avec rési-
gnation : « Dieu est bien loin et le Tzar est à
Saint-Pétersbourg ! ». Quant aux intellectuels,
l'indignation qu'ils éprouvent les fait rapidement évoluer, et c'est ce qui arriva à la dame
dont j'ai parlé. Sœur de la célèbre Vera Sas-
sulitch, elle jouit aujourd'hui, comme celle-ci,
d'une grande notoriété parmi les révolutionnaires. Son mari a été déporté à vie en Sibérie
où elle l'a suivi ; et elle a vécu pendant six
années auprès de lui, c'est-à-dire jusqu'au
jour où on le trouva pendu par l'effet soit d'un
suicide, soit d'un crime.

Certains lecteurs des ouvrages de Dostoïevski
se sont demandé si ses récits étaient tout à fait
véridiques. Mais les sentiments qu'éveille la
lecture de ces livres ne sont rien en comparaison de ceux que font naître les rapports posi-

tivement écœurants de G. Kennan, parus en 1885 dans la *Century Magazine*.

On se rappelle que lorsque Kennan se rendit en Russie, il avait la conviction que tout ce qu'on avait écrit sur la Sibérie, les nihilistes et les prisonniers politiques était sinon absolument faux, du moins grossièrement exagéré. Comme il était du côté du Gouvernement, on lui donna les laissez-passer et les lettres d'introduction utiles à ses enquêtes. Mais lorsqu'il connut, d'une part les prisons et leurs pensionnaires, d'autre part les fonctionnaires, il se mit à plaindre les prisonniers, puis à les admirer et les aimer. Combien d'entre eux avaient été déportés pour un motif futile et même sans aucun motif! Un ordre signé du Ministre de l'Intérieur ne suffisait-il pas pour les astreindre aux plus durs travaux dans ce climat meurtrier? Jamais ils n'avaient de nouvelles de leur famille et jamais ils ne pouvaient lui donner des leurs. Combien d'entre eux ignoraient même la cause de leur bannissement, sans pouvoir obtenir le moindre éclaircissement à ce sujet!

Le travail forcé dans les mines n'est pas ce qu'il y a de plus dur ; le plus affreux, c'est la prison, car l'état de choses qui y règne est vraiment révoltant : après avoir travaillé tout le jour par 30 à 35 degrés de froid et sous la garde de soldats, armés dans les mines de Sa Majesté Impériale (car ces houillères sont la propriété personnelle de l'Empereur), on les entasse dans des prisons bondées, sans ventilation et horriblement malsaines et sales où, pour tout mobilier, ils ont un lit de camp sans même une couverture, malgré le froid de 30° à 40° qui règne souvent dans la nuit.

Les hôpitaux regorgent de malades et il n'est guère surprenant que tant de prisonniers soient atteints d'aliénation mentale ou se suicident. Ce qui est étonnant c'est qu'il y en ait qui puissent supporter l'existence dans de pareilles conditions...

Parfois se produit une tentative d'évasion (toujours en allant à la mine ou en en revenant). Les prisonniers prennent alors la fuite dans des directions divergentes ; la majorité

d'entre eux tombe sous les balles des gardiens ;
mais, dans le nombre, il s'en échappe parfois
un ou deux qui, durant des mois, se cachent
dans les forêts en se nourrissant de racines.
S'ils ne périssent pas de froid ou sous la
dent des loups, ils se rendent, durant la nuit,
à un village éloigné quelconque où, sur le
rebord des fenêtres, ils sont assurés de trouver le pain et le lait que tout paysan sibé-
rien y dépose chaque soir pour le cas où un
fugitif viendrait à passer par là. Bien peu
d'entre les évadés du bagne ont réussi à gagner
l'étranger ; ceux-là ont bien soin de rester
à distance respectueuse de la « Sainte Russie ».

Depuis 1885, la Sibérie n'a pas sensiblement
changé. Il est vrai que des prisons plus
modernes y ont été édifiées ; mais comme le
nombre des prisonniers est toujours le double
ou le triple de celui pour lequel chaque prison
a été construite, les anciens errements subsistent.

« Quiconque, — dit la loi, — connaît des
personnes mal pensantes (lisez : des personnes

qui osent critiquer le Gouvernement), et, les connaissant, ne les dénonce pas, sera puni de la peine de la déportation en Sibérie, de la confiscation de ses biens, etc., etc ». Mais toutes les Russies sont pleines de ces « mal-pensants ». Exception faite des fonctionnaires, de l'Armée (et encore!), et de ceux qui font partie du Gouvernement, la population entière — et en particulier les classes instruites — est hostile à l'autorité dirigeante. Les gens faibles souffrent passivement, les forts se ré-voltent ; mais les uns et les autres pensent de même.

Puisqu'il est question de prisons, je ne saurais passer sous silence la forteresse. L'accès en est du reste facile, comme en témoigne cet article du Code pénal dont je cite le sens à défaut de la teneur exacte : « Si des écrits ou des livres critiquant le Gou-vernement sont trouvés en la possession d'une personne privée, cette personne privée sera punie de ... tant... d'années de prison ou de forteresse ». Les prisonniers de forteresse, dans celle de *Pierre et Paul* par exemple, endurent à peu près les mêmes misères que ceux de la Sibérie, avec l'aggravation de la solitude, car ils sont soumis au régime de la réclusion. Le détenu ne voit personne si ce n'est pendant l'heure où, étroitement surveillé, il doit se promener sur les remparts. Son isolement est complet, ce qui constitue, paraît-il, la peine la plus sévère.

Enfin, pour en terminer avec les prisons, je dirai encore deux mots sur ces Messieurs de la Police dont le métier est de vous y conduire.

Un jour que, quittant la Russie pour rentrer en France, je passais la frontière, je remis, comme tous les voyageurs du train, mon passeport à l'employé qui, dans la salle d'attente, était chargé de recueillir les pièces d'identité. Au bout d'un certain temps, et tandis que mes compagnons de voyage se morfondaient, je vis venir à moi un autre employé qui me dit : « Madame Viardot, voici votre passeport. » Je le remerciai, mais ne pus m'empêcher de lui demander, comment il savait que ce passeport m'appartenait. « Oh ! me répondit-il, je vous reconnais, vous avez passé ici il y a une vingtaine d'années. (J'avais franchi plusieurs fois la frontière, entre-temps, mais par d'autres voies). Je restai bouche bée sur le moment. Mais je me suis demandé depuis si, dans cette station-frontière, on ne photographiait pas, à leur insu, tous les voyageurs en les répertoriant ensuite à l'aide, par exemple, d'un système de fiches.

Quant aux excès et aux abus d'autorité dont la police russe est coutumière, en voici un exemple : l'ancien Préfet de Police Trépov, mécontent de ce qu'un étudiant n'avait pas mis assez d'empressement à ôter sa casquette sur son passage, le fit saisir et fustiger en public. Mal lui en prit, du reste, car Vera Sassulitsch avait assisté à cette nouvelle cruauté du trop fameux Trépov.

Elle se promit de le chàtier et, un jour qu'elle le rencontra dans la rue, elle lui tira un coup de revolver qui l'atteignit à l'épaule. On chercha à s'emparer de Vera Sassulitsch, mais déjà plus d'une centaine de personnes l'avaient entourée, cachée et mise en sûreté. J'ignore comment elle s'y prit pour passer en Suisse où elle

réside actuellement, après un mariage heureux.

Quant à Trépov, je l'ai rencontré plus tard
à Ems, où il se remettait lentement des effets
de sa blessure.

CHAPITRE XIV

Moscou me fit une singulière impression,
car, moitié ville, moitié village, elle est un
mélange de haute culture et de conditions
rudimentaires. Lorsqu'on quitte la gare, on
trouve des routes exécrables auxquelles ne
pourraient guère se comparer que celles de
Varsovie où, à chaque instant, on risque
d'être projeté hors de sa voiture. Les rues,
larges ou étroites, longues ou courtes, avec
leurs petites maisons en bois et leurs échoppes surmontées de grandes enseignes, rap-
pellent celles d'un village mal tenu ; mais
à mesure qu'on s'approche du centre de la

ville, tout cela change : voici de longues rues, de hautes maisons, de beaux magasins, de spacieuses places publiques, d'élégants attelages ; voici la ville civilisée. Et le Kremlin ! Le Kremlin qui forme un monde à part avec ses palais, ses édifices publics et ses églises au style original ! Ce style a quelque chose d'oriental, mais de fantasquement oriental, avec des formes inattendues, tantôt lourdes, tantôt élancées, telle cette tour immense qui s'élève au-dessus d'un dôme bas et trapu, ressemblant de loin à un gros oignon rouge et vert. Chaque dôme, chaque toiture a une couleur différente ; mais ce n'est pas déplaisant, car le vert y domine. Et la vieille muraille qui, entourant le Kremlin, s'étend fort loin le long de la calme et majestueuse Moskova est interrompue elle-même par des tourelles peu surélevées et très caractéristiques, de couleur vert-de-gris. Cette partie de la ville, construite sur une colline, est réellement fort belle ; on y a une vue magnifique sur la cité et ses environs.

Il est amusant de voir les passants ôter à chaque minute leur casquette et se signer

devant les saintes images ; et l'on se demande
pourquoi ces icones ont été placées au-dessus
d'une porte, dans un recoin ou ailleurs, puisqu'il y a tant de chapelles et d'églises devant
lesquelles un Russe peut avoir l'occasion de se
signer. Quelques-unes de ces chapelles sont fort
intéressantes. Ainsi, dans une des rues les plus
fréquentées, on remarque entre deux échoppes
une petite pièce d'environ quatre mètres sur
trois, dans laquelle était probablement ins-
tallée naguère une boutique. Les murs sont
couverts de grandes et de petites icones dont la
peinture byzantine sur or ou sur argent étincelle
d'autant de cierges qu'il est matériellement possible de les garnir. A l'extrémité de la pièce,
au-dessus d'un vaste autel, trône, environné
d'une multitude de cierges et dans un cadre
émaillé d'or, la Vierge Noire tenant dans ses
bras l'Enfant Jésus Noir. A cette chapelle il
n'y a pas de porte ; de sorte qu'elle est ouverte
nuit et jour ; et lorsqu'on n'a pas le temps d'y
pénétrer ou de s'agenouiller sur son seuil,
voire même dans la rue, on ne manque pas,
en passant devant elle, de se signer avec dévo-

tion. Car c'est le sanctuaire de la Vierge mira-
culeuse qui visite les malades. Souvent j'ai
rencontré sa voiture, une voiture fermée,
noire, attelée de chevaux noirs, conduite par
un cocher en livrée noire. Lorsqu'elle sort,
elle se tient sur le siège arrière où deux lan-
ternes suspendues l'éclairent vivement, tandis
que deux popes sont assis en face d'elle avec
mission de la faire entrer ou sortir de sa
voiture. Après sa visite à un malade, on la
ramène chez elle et on la replace sur l'autel
en versant dans la caisse les cent roubles que
sa visite a rapportés. Mais voici le côté le
plus plaisant de l'histoire : elle a une imita-
trice et une rivale, exacte copie d'elle-même,
qui habite un peu plus loin et possède, elle
aussi, sa chapelle et son attelage. Toutefois,
lorsqu'elle va visiter un malade, ses préten-
tions sont plus modestes, car elle se contente
de cinquante roubles. De sorte que les malades
moins fortunés y trouvent également leur bonheur et c'est tout bénéfice pour l'Église. N'y
a-t-il pas quelque chose d'exquisement naïf
dans ces deux Vierges rivales ?

Du reste, le mouvement dans la rue est amusant et l'on y rencontre des types sympathiques. Le moujik moscovite est toujours bien tenu et ses vêtements sont bien brossés, tandis que les femmes portent des couleurs gaies. Quoique, généralement, elles soient peu jolies avec leurs visages trop aplatis et l'os de la joue trop proéminent, leur physionomie dénote la bonté, la douceur et la patience. Quant aux marchands, avec leurs cafetans en étoffe noire, leurs larges ceintures rouges et leurs longues bottes bien lustrées, ils ont tous, depuis le petit boutiquier jusqu'au négociant en gros, millionnaire, l'air digne, cossu, bien nourri et protecteur. On les reconnaît de loin, — les riches surtout, dont il y a un grand nombre, — par leur démarche calme et posée. Jamais ils n'ont l'air d'être pressés, car, lorsqu'ils le sont réellement, ils se bornent à allonger le pas sans le hâter, par crainte de déchoir à leur dignité.

Les officiers se promènent généralement en voiture; et, à l'exception des très jeunes, ils n'affichent aucune prétention. Mais combien sont beaux les chevaux qu'ils possèdent et, en général, les chevaux de ce pays! Il n'est pas jusqu'à la rossinante du plus pauvre des *isvostschiks* qui n'ait conservé des traces de l'élégance de ses ancêtres, avec sa petite tête, son encolure cintrée et ses cuisses arrondies; et je ne parle pas ici des *risacks*, des fameux trotteurs Orloff! Rien ne saurait égaler l'agrément d'une promenade en troïka, ce traîneau attelé de trois chevaux très vite, dont celui du milieu conserve le trot allongé, tandis que ceux des côtés galopent, l'un à main droite, l'autre à main gauche. Du reste, à Saint-Pétersbourg aussi, on les emploie beaucoup pour se rendre vers minuit aux petites îles des environs, où, après avoir soupé en joyeuse compagnie dans les Orangeries, on est retenu jusqu'à six ou sept heures du matin par le charme exquis de la plus excellente musique bohémienne.

A Moscou également, la musique joue un grand rôle : il y a plusieurs théâtres lyriques, de beaux concerts symphoniques, un Conservatoire important, et, dans chaque jardin ou parc public de la ville ou de ses environs, on donne d'excellents concerts orchestraux avec un programme de choix.

Comme je l'ai déjà dit, tous les Russes aiment la musique, et même les gens du peuple ont le sens musical très développé. Je me rappelle qu'en me promenant un dimanche soir dans les bois, je rencontrai une trentaine de femmes qui rentraient en chantant, après avoir cherché des champignons. Je restai toute saisie de la correction de leur intonation, de l'exactitude du rythme et de la particularité que possèdent généralement les voix de femmes russes, (Messieurs les professeurs de chant ne secouez pas les oreilles, car c'est ainsi !) de chanter du registre de poitrine les notes que, nous autres, nous ne pouvons donner qu'en voix de tête. C'est pour cela que leur voix ressemble plutôt à celle de jeunes hommes, tout en restant sonore, fraîche et agréable. Du reste les chants populaires russes sont originaux et, parfois, ils ne manquent pas de charme. Mais je dois avouer que je ne les apprécie qu'à petite dose ; lorsque j'entends un chant contenant cinquante vers dont chacun se termine par une quinte ou un unisson, (ce

qui caractérise le chant populaire,) l'envie me
prend de hurler à la lune. Décidément je
préfère la « musique d'art » russe qui, cependant, à l'instar de la scandinave, a pris ses
origines dans le chant populaire.

En 1871 je tombai sérieusement malade,
mais, malgré une bronchite et une maladie d'estomac, je continuai à chanter à l'Opéra avec
une énergie désespérée. Pour avoir voulu
ainsi forcer la nature, je ne tardai pas à perdre
le souffle ; et, à mon immense chagrin, je dus
renoncer définitivement à chanter sur une
scène d'opéra. Avant tout il fallait songer à soigner ma santé ; de sorte que durant les années
suivantes, je dus faire des cures dans diverses
villes d'eaux, notamment à Spa, Ems, etc...
Désireuse d'étudier l'anatomie et les maladies du larynx pour le cas où je me déciderais
à me consacrer à l'enseignement, j'obtins non
sans peine, avec une de mes amies russe, l'autorisation de suivre les cours de l'Académie de
Genève où, jusqu'alors, les femmes n'avaient pas
été admises. Nous apprîmes une fois de plus, en

cette occurrence, combien, à cette époque encore, il était difficile pour une femme d'obtenir
un enseignement supérieur : habillées très simplement et en noir, nous allâmes, mon amie et
moi, nous asseoir à huit heures du matin sur un
des bancs les plus reculés de la salle encore vide.
Peu à peu les étudiants arrivèrent et, dès qu'ils
nous virent, ils se campèrent devant nous en
nous conspuant bruyamment. Le *chahut* ne
dura pas moins d'un quart d'heure, et, craignant
qu'on en vînt à briser jusqu'aux bancs je dis à
ma camarade : « Conservez votre calme et surtout n'ayez pas l'air d'avoir peur ! ». Enfin,
comme nous restions impassibles devant cette
manifestation, le tumulte s'apaisa peu à peu
et prit fin à l'arrivée du professeur, lequel était
Amiel dont les ouvrages sont célèbres. A la
fin de sa conférence, au cours de laquelle il
ne manqua pas de faire quelques allusions
désobligeantes aux femmes, les étudiants sor-
tirent et se mirent sur deux rangs dans la
cour pour nous voir passer. Je craignais
une nouvelle démonstration de leur part, mais,
à notre surprise, ils ne nous molestèrent pas,

et ils ôtèrent même avec déférence leurs cas-
quettes blanches ; nous avions réussi du premier coup à conquérir leur sympathie.

Mais ce n'en était pas fini de nos peines, car,
dès la seconde journée, nous n'eûmes plus
affaire à la jeune génération, mais à un vieux
professeur qui était outré de voir des femmes
admises à son cours.

C'était un médecin du nom de Mayor,
mince, terne, mais grossier. Avant de commencer sa conférence physiologique, il nous
dévisagea un bon moment en cherchant évidemment quel mauvais tour il pourrait bien
nous jouer. Il ne tarda pas à le trouver en
choisissant pour sujet l'étude des sexes, sujet
qu'un conférencier peut aisément rendre fort
pénible à entendre par des femmes. Il réussit
même à rendre sa conférence tellement hor-
rible que mon amie, nerveuse et impression-
nable, ne put plus y tenir et s'évanouit. Aussitôt il s'élança dans les gradins, la prit, la
porta hors de la salle, la posa sur une table
d'une pièce adjacente, puis il regagna sa chaire
en se frottant les mains de joie de s'être débar-

rassé de nous... ce en quoi il se trompait gran-
dement.

Après avoir ramené mon amie à la maison, je
lui fis la leçon : « Après-demain nous retour-
nons au cours de physiologie ; mettez du coton,
de la cire, tout ce que vous voudrez dans vos
oreilles et, tel Ulysse, n'écoutez plus la voix de
sirène du dénommé Mayor. Il est indifférent, en
effet, que vous entendiez ce qu'il dit ; mais il est
absolument nécessaire que nous soyons pré-
sentes à son cours sous peine de nous avouer
battues et de fermer la porte à toutes les
femmes qui, après nous, voudront travailler.
Sous ce rapport nous avons un devoir à remplir ». Mon amie se fit violence, se bourra les
oreilles d'ouate ; et après nous être amusées de
l'expression horrifiée que prit le visage du
docteur Mayor lorsqu'il nous vit tranquillement
assises sur notre banc, nous tînmes bon, malgré les efforts répétés qu'il fit pour arriver à se
débarrasser de nous.

Heureusement qu'avec les autres professeurs
les choses allaient mieux. Karl Vogt, notamment, qui enseignait la zoologie, était enchanté

d'avoir des femmes dans son auditoire et il se tournait vers nous chaque fois qu'il avait quelque chose de particulièrement intéressant à expliquer. Notre présence flattait ses idées libérales et il était sensible à l'attention soutenue que nous lui prêtions, contrairement à certains étudiants dont la tenue laissait à désirer. Un jour que quelques jeunes gens assis près de lui causaient entre eux pendant son cours, Vogt, après avoir sévèrement mais vainement fixé de ses grands yeux noirs un petit crevé tiré à quatre épingles, finit par lui dire : « Vous n'êtes pas ici pour causer ; veuillez vous tenir tranquille ». « Monsieur, répondit le jeune gandin, vous semblez ignorer à qui vous parlez, je suis le prince N. N. — Ah ! vraiment ! Eh bien ! prince N. N. voilà la porte. Sortez ! ». Et le prince N. N. dut défiler parmi le rire de ses camarades.

De Genève je me rendis à Dresde afin d'étudier sur place certaines biographies d'artistes que je m'étais chargée d'écrire pour un journal russe. Il m'arriva cette petite aventure amusante dans un hôtel que j'habitais avec une de mes amies : Lorsqu'on apporta le livre d'hôtel, je la priai d'y inscrire mon nom. Comme elle savait que je n'aimais pas les titres, elle écrivit simplement Kunstlerin (artiste), sans se rendre compte qu'elle aurait dû mettre au moins Ton Kunstlerin (artiste musicienne). A quelques jours de là, à la table d'hôte que présidait le patron de l'hôtel, la conversation étant tombée sur les chevaux et sur des détails de leur dressage, on me demanda mon avis : « Je n'en sais rien, répondis-je ; comment voulez-vous que je sache cela ? » « Mais si ! vous devez le savoir, puisque vous faites partie du cirque ». On avait pris le mot Kunstlérin pour Kunstreiterin (écuyère).

De Dresde je me rendis à Paris où je fus malade tout l'hiver et d'où les médecins m'envoyèrent à Carlsbad ; j'y rencontrai de bons amis qui, après ma cure, m'invitèrent à finir l'été auprès d'eux dans leur maison de campagne en Finlande, invitation que j'acceptai avec plaisir.

Rien de bien saillant ne marqua ce séjour où

notre seule distraction était des promenades en voiture avec des trotteurs Orloff, et..... la chasse aux rats. Mes amis possédaient en effet, tout près de là, une importante distillerie dont les stocks de céréales avaient attiré ces rongeurs en quantité prodigieuse. Ils pullulaient littéralement, ils dévoraient les chats ; et, comme à cette époque on ignorait encore les moyens employés aujourd'hui pour se débarrasser de cette engeance, on en était réduit à tuer les rats à coups de fusil lorsqu'au crépuscule ils allaient, en longue procession, boire à la rivière voisine. Il y avait bien aussi la pêche ; mais le poisson était fort bon marché et nous n'avions ni l'expérience ni le feu sacré que possède mon fils, qui s'est fait dans les sports une grande réputation. Puisqu'il est ici question de pêche et de la Finlande, je demande la permission de raconter en passant une aventure assez curieuse qui y est advenue à mon fils [1], car elle montrera incidemment combien la pêche à la ligne est magnifique en ce pays :

1. L'auteur de cet ouvrage.

Non loin de l'endroit où se déversent en impétueux torrents les eaux du lac Saïma, s'élève un château construit par je ne sais plus quel général russe [1], qui s'est offert le luxe inouï de faire daller de marbre une longue étendue de la berge du lac que domine le château. Ce quai magnifique s'étend sur une longueur de plus d'un kilomètre ; il est orné de bancs et de sièges luxueux et, sur toute sa longueur, des escaliers (en marbre aussi) donnent accès aux embarcations de plaisance. Contrairement à ce que l'on pourrait penser, ce quai n'a pas été construit dans un but de promenade, mais uniquement pour la pêche : à heure fixe, — généralement entre trois et quatre heures de l'après-midi, — un canot somptueusement tapissé de velours rouge vient chercher le pêcheur qui, confortablement assis sur de moelleux coussins, n'a que la peine de se laisser conduire par un rameur expérimenté, tandis que son gros poisson artificiel (*minow*) tourne au bout de la ligne à une grande profon-

---

1. Le général Astachoff, je crois.

deur. Il faut généralement de trente à quarante-
cinq minutes pour qu'une *touche* se produise
et que commence la lutte entre le pêcheur et la
truite. A ce moment un signal est donné ; les
invités du château que cela intéresse vont
attendre, sur des sièges de rotin, que le canot
se rapproche, ce qui ne tarde guère ; le pêcheur
en sort prudemment en continuant à « travailler » son poisson et c'est, tranquillement
assis dans un fauteuil, qu'il achève de fatiguer
sa prise jusqu'au moment où celle-ci, épuisée
et venue à la surface, est *gaffée* par un aide et
jetée sur le quai. On l'assomme aussitôt, on la
pèse, on la pose sur le marbre, on en décrit le
pourtour avec un pinceau trempé dans de la
couleur noire indélébile et, dans l'image ainsi
formée, on inscrit la date du jour, le poids du
poisson et le nom du pêcheur. C'est ainsi que
sont dessinés en cet endroit des milliers
d'énormes poissons (la plus petite truite qu'on
y ait jamais prise ne pesait pas moins de
16 livres!) portant les noms les plus illustres, y
compris ceux de l'Empereur et des Grands-
Ducs. Comme bien l'on pense, pour royale

qu'elle fût, cette pêche ne pouvait pas satisfaire les goûts d'un « vrai sportsman ». Aussi mon fils descendit bientôt vers Imatra pour y pêcher, dans les rapides, à la mouche artificielle. Après deux journées où sans discontinuer, et du matin au soir, il essaya vainement tous les engins de surface connus pour la pêche à la truite, son batelier lui dit : « C'est bien épatant, Monsieur, tout ce que vous faites là. Mais vous pourrez pêcher comme cela pendant dix ans sans voir le nez d'un poisson. Si vous êtes ici pour quelque temps, si vous m'embauchez durant cette période et si vous me donnez votre parole de ne dévoiler à personne, pendant votre séjour ici, le secret de mon procédé, je vous ferai prendre tous les jours plus de poissons que vous n'en pourrez manger, que vous ne pourrez en porter et même que ne pourra en contenir ce canot ». Le marché fut conclu ; et durant près d'un mois, en pêchant de nuit et comme à la mouche artificielle, (mais avec un simple morceau de peau d'anguille taillé et fixé d'une certaine façon à l'hameçon de queue), mon fils prit, en effet, à la ligne suffisamment de truites pour avoir le plaisir d'en alimenter journellement le village d'Imatra et la table d'hôte d'environ deux cents couverts de l'hôtel où il résidait.

C'est à ce moment que se place l'anecdote que j'ai annoncée tout à l'heure. Pour la bien faire comprendre, les précisions suivantes me paraissent utiles : Mon fils se faisait conduire en charrette d'Imatra au lieu de pêche où l'attendait son rameur finlandais, monté dans une petite pirogue indienne dont la légèreté et le peu de tirant d'eau permettaient de franchir à la pagaie des rapides d'une telle violence qu'aucune embarcation d'un autre genre n'aurait pu leur résister. Il pêchait ainsi durant toute la nuit crépusculaire du printemps finlandais, avec un arrêt d'une heure pour se reposer et se restaurer dans une île où il avait mis à l'abri des provisions de bouche et du rhum dont son batelier était très friand. Enfin, comme sur ces eaux tourmentées il y avait souvent des passages de canards, il était toujours muni de son fusil de chasse. Avant l'aube la charrette venait le chercher, lui et ses

cent à deux cents kilogrammes de poisson.
Or un matin, en débarquant, mon fils trouva la
charrette et le cheval dételé; mais Nelsen, le cocher suédois, avait disparu. Après avoir attendu
quelques instants, on l'appela et on le chercha
en vain jusqu'à l'orée d'une immense forêt de
sapins qui commençait en ces parages. Au
bout d'une demi-heure environ, des cris se
firent percevoir au loin dans cette forêt, ou
plutôt des abois présentant quelque analogie
avec le hululement du loup. Peu à peu, le
bruit se rapprocha et tandis que, fort intrigué,
mon fils, armé de son fusil, se portait dans la
direction d'où il provenait, il aperçut Nelsen,
courant à toutes jambes comme s'il était pour-
suivi. Il s'élança aussitôt à sa rencontre en
lui criant : « Ne craignez rien, je suis là avec
mon fusil ». Mais bientôt il s'aperçut que, pris
sans doute d'un accès de folie subite, comme
semblaient en témoigner ses yeux exorbités et
ses cheveux hérissés sur la tête, Nelsen fon-
çait sur lui d'un air menaçant. « Arrête ou je
tire ! »; mais, au même moment, l'homme roula
à terre en se tordant sur le sol et en criant au

secours. Aussitôt mon fils se porta à son aide, cherchant à le calmer pour savoir ce qui était arrivé : « Là, là, criait le malheureux, sentez comme ça remue ! » et, de fait, on sentait au toucher et l'on voyait à l'œil nu d'étranges soubresauts dans le ventre du pauvre homme. Après avoir réconforté et calmé celui-ci avec un peu d'alcool et beaucoup de bonnes paroles, on finit par apprendre la désagréable aventure qui lui était advenue : en attendant l'heure d'atteler la charrette, il s'était couché dans les fougères de la clairière et il s'y était endormi, lorsqu'il fut réveillé soudain par une étrange sensation dans la bouche où venait de pénétrer un animal vivant qu'une contraction spasmodique du pharynx lui fit avaler, à sa grande terreur. Pris d'une véritable épouvante en sentant remuer dans son estomac ce qu'il venait d'avaler, il était parti comme un fou dans la forêt en y faisant, tel une bête traquée, une randonnée de plusieurs kilomètres.

Mon fils le rassura et, à tout hasard, il lui fit ingurgiter de force tout le contenu de sa gourde de rhum. Il en résulta que l'homme, pris de nausées, rendit peu après une petite couleuvre, presque aussi ivre que l'était devenu celui qui l'avait avalée.

On abandonna le poisson pris durant la nuit et Nelsen fut chargé à sa place dans la charrette que mon fils, très amusé, ramena lui-même à Imatra.

De Finlande je me rendis avec mes amis à la Venise du nord, à Stockholm. J'avais le cœur brisé de ne plus pouvoir chanter, mais je voulais m'occuper. Je donnai donc plusieurs concerts de musique de chambre et j'aidai de mes conseils la plupart des chanteurs de l'Opéra qui étaient venus les solliciter. Puis je fis ce que rarement ose entreprendre une femme : je dirigeai un grand orchestre. A cet effet, je louai la salle de l'Opéra et, après avoir engagé des solistes, des chœurs, et l'orchestre, je commençai les répétitions de ma cantate *Bacchus* que j'avais composée naguère, comme je l'ai dit, pour concourir au Grand Prix de la Ville de Paris. Lorsque je me mis à mon pupitre, à la première répétition, ces messieurs de l'orchestre me regardaient en souriant ironiquement. N'étais-je pas une femme ? une pauvre femme, une faible femme ! Je leur fis un petit discours en allemand (ils étaient presque tous de nationalité allemande) pour les prier de ne pas chercher à savoir si j'étais Monsieur un tel ou Madame une telle, et de ne voir simplement en moi que le compositeur. Cela sembla leur faire plaisir, car ils applaudirent de l'archet sur le dos de leur violon. L'un d'eux, cependant, essaya de me jouer un tour : A un certain passage, il me manquait la note la plus basse du basson. Je m'arrêtai et, frappant sur mon pupitre, je demandai : « Pourquoi ne jouez-vous pas ? — C'est que, répondit-il, vous avez bien écrit cette note, mais elle n'existe pas sur le basson. — Tiens ! répliquai-je, c'est fort curieux ; vous avez sans doute un mauvais instrument. Apportez donc demain un basson système Bœhm et vous verrez que ça ira tout seul. » En effet, à la répétition suivante la note désirée ne manquait plus comme la veille.

A l'occasion de ces concerts, je demandai et j'obtins une audience du Roi qui me promit

son patronage et me fit visiter personnellement
son château, ainsi que la petite mais très intéressante collection qu'il contient d'objets his-
toriques ayant appartenu aux anciens rois de
Suède. Le concert eut lieu ; tout se passa bien et
ce fut un gros succès qui me donna une grande
joie, puisque j'avais acquis la preuve que j'étais
capable de diriger les masses. Les nombreux
élèves qui affluaient à mon enseignement me
donnèrent également beaucoup de satisfaction,
car ils étaient généralement intelligents, studieux et ils possédaient de bonnes voix, ces
belles voix scandinaves, hautes, pures, mais
froides.

Les représentations à l'Opéra qui, depuis, a
été brûlé et reconstruit, étaient de premier
ordre car on y entendait un excellent orchestre,
des chœurs corrects et de bons chanteurs. Ce
n'est pas sans une certaine émotion que j'assistai un soir à une représentation du *Ballo
in Maschera* dans la salle même où fut assas-
siné Gustave III, meurtre qui est justement le
sujet de cet opéra.

J'ai eu souvent, durant mon séjour en Suède,

l'occasion d'entendre chanter le roi Oscar. Il possédait une voix de ténor, petite mais agréable, chantait bien et avec beaucoup d'expression, mais il avait le défaut de ne pas savoir s'arrêter et de se stimuler un peu trop souvent à l'aide d'une coupe de champagne.

Durant mon séjour à Stockholm, j'ai eu aussi le privilège d'assister à un événement solennel : massée sur le quai et sur la place publique, devant le château, la population entière de la ville s'était réunie en foule, par une nuit de pleine lune. Bientôt sur la mer on aperçut un petit objet noir qui s'avançait. Ce n'était qu'un pauvre petit bateau ; mais ce bateau c'était le *Véga*, qui ramenait du pôle arctique Nordenskjold et ses compagnons ! Le navire s'arrêta près du pont devant le palais ; et son équipage, débarquant immédiatement, se rendit, parmi les joyeuses acclamations de la foule, vers le Roi qui était venu à sa rencontre. De grandes réjouissances avaient été préparées pour cette circonstance ; elles se terminèrent par un magnifique feu d'artifice et un indescriptible enthousiasme populaire.

En cette occurrence on me fit remarquer à quel point les Suédois étaient honnêtes à cette époque : pas une porte des maisons vides n'avait été fermée à clé, car le vol ou le cambriolage étaient alors choses inconnues. J'eus d'ailleurs, durant mon séjour en Suède, plusieurs occasions de constater cette probité exemplaire. Ainsi, un de mes amis qui venait de toucher une somme importante dans un établissement financier était en train de compter ses billets de banque au moment où il franchissait un pont. Un coup de vent inopiné lui arracha des mains presque tout l'argent qu'il tenait. Il se borna à faire passer une annonce dans les journaux et, peu à peu, on lui rapporta de divers côtés les billets de banque qui s'étaient envolés. Pour être tout à fait sincère je dois ajouter que, de l'aveu des Suédois eux-mêmes, pareille honnêteté fait partie des temps passés !

Sur ces entrefaites, je tombai sérieusement malade ; et comme les soins que je recevais des médecins les plus réputés restaient inefficaces, je finis par suivre les conseils qui m'étaient donnés de divers côtés d'avoir recours à un extraordinaire « Guérisseur ». On lui écrivit et il vint d'un village fort éloigné. C'était un vieux paysan au teint et aux cheveux grisâtres, qui ne savait pas écrire. Aussi était-il accompagné de sa fille qui lui servait de secrétaire. Après qu'il m'eut examinée et questionnée, je lui demandai : « Pouvez-vous faire quelque chose pour moi? Est-ce un cancer? — Non, répondit-il, ce n'est pas un cancer; et je puis, sinon vous guérir, du moins vous soulager. — Mais d'où tenez-vous votre savoir? Avez-vous étudié la médecine? — Non ! mon père était vétérinaire et j'ai appris de lui qu'il y a peu de différence entre un homme et un cochon. Je guéris certaines maladies de l'estomac et du sang. C'est tout ce que je sais. »

Il m'écrivit une ordonnance composée seulement de trois lettres et de deux chiffres qu'il envoya à une pharmacie spéciale qui travaillait pour lui. Je reçus en échange six petits paquets de feuilles sèches qu'il fallait faire bouillir pendant vingt-quatre heures pour en faire une décoction dont je devais prendre tous les jours environ un quart de litre. Je suivis les instruc-

tions à la lettre, malgré mon peu de foi dans
l'assurance qui m'avait été donnée qu'au bout
d'un mois j'aurais recouvré l'appétit (à cette
époque, je ne pouvais supporter que du thé et
des concombres salés). Mais, après une quin-
zaine, je ne fus pas peu surprise d'avoir faim
et je pus commencer à m'alimenter; tant et si
bien qu'au bout d'un mois mon appétit était
redevenu normal. J'ai fait analyser plus tard
ces *simples* par le laboratoire du Muséum d'Histoire Naturelle de Paris, mais cette analyse
n'a donné aucun résultat positif, car la plupart des feuilles ou des herbes dont il s'agit
étaient inconnues des savants de cette Institution.

Lorsque ma santé fut à peu près remise, j'es-
sayai de nouveau de chanter. La voix était toujours là, mais le souffle manquait; et, comme
il est impossible de chanter sans souffle, je
dus y renoncer une fois pour toutes. Longtemps je restai découragée et déprimée; mais,
un jour, je fus prise du violent désir de composer. Dès lors, j'étais sauvée! car je pouvais
gagner ma vie par l'enseignement et satisfaire

par la composition les plus nobles aspirations de mon âme...

C'est durant mon séjour en Suède que je fis mon premier voyage en Italie où ce qui me frappa le plus fut : 1° à quel point la mendicité y est développée et insupportable; 2° l'intérêt que présente Pompéi que je visitai à fond durant un séjour de cinq journées consécutives; 3° l'irrévérence du peuple dans les églises et la médiocrité de la musique qu'on y fait.

Je ne parlerai que de ce dernier sujet, car les autres sont plus ou moins connus de tout le monde. Par curiosité j'assistai un jour à une messe à Amalfi. Un berger entra qui, pour être arrivé en retard, s'agenouilla derrière les autres fidèles. Mais bientôt le chien qu'il avait amené s'impatienta; l'homme se releva, empoigna la bête par le cou, la posa sur l'autel d'une chapelle adjacente où, après lui avoir administré une bonne correction, il la laissa couchée tandis qu'il retournait tranquillement faire ses dévotions. Cela m'avait un peu scandalisée, mais je le fus bien davantage en constatant que les chiens sont admis, même à

Saint-Pierre de Rome ! Une autre fois, j'étais entrée, à Pise, dans une petite église que je désirais visiter. Le prêtre venait de terminer sa messe et, à ma grande joie, il faisait, de la chaire, un sermon sur..... Voltaire et J.-J. Rousseau. Pour la circonstance il avait apporté deux petites poupées habillées en hommes qu'il tenait, tel le guignol des enfants, sur le rebord de la chaire. « Voltaire dit..... Rousseau lui répond... Voltaire réplique..... Rousseau le renverse par un argument foudroyant. » Pour le prouver, le prédicateur lança l'effigie de Voltaire parmi les fidèles placés au-dessous de lui.

L'église, en Italie encore plus peut-être qu'en Espagne, est, du reste, si j'ose dire, la maison commune du peuple. On y va invoquer la protection de la Madone dans toutes les circonstances de la vie, fût-ce lorsqu'on médite un mauvais coup ; mais on y va aussi soit pour se réchauffer ou se mettre au frais, soit pour y chercher des aventures galantes ou en hâter l'issue, soit enfin dans des buts plus prosaïques, tel celui de s'épucer ou de s'épouiller...

En ce qui concerne le chant, (car, à peu

d'exception près, il n'existe pas d'autre musique
en Italie), chacun sait combien les voix italiennes
sont chaudes et *prenantes*, depuis celle de la
vieille au chef branlant qui court après votre
voiture pour solliciter l'aumône jusqu'à celle des
grands chanteurs (que l'on admirerait du reste
bien davantage s'ils savaient faire valoir leur
organe sans crier si fort). Quant à la musique que j'ai entendue à Saint-Pierre, elle
était de qualité fort inférieure ; les chœurs y
détonnaient et le gros moine ridicule qui les
conduisait battait mal la mesure, ce qui est
d'autant plus regrettable que certains chanteurs du Pape possédaient de remarquables
voix de soprano. Au demeurant, la musique
d'église en Italie est généralement médiocre
lorsqu'elle n'est pas comique comme celle que
j'ai entendue un jour à Santa Maria Novella,
à Florence, où, durant la messe, l'orgue
était tenu par un moine ventripotent qui ne
jouait que des polkas en se balançant et dan-
dinant gaiement, dans une folle envie de se
mettre à gigoter.

Rentrée à Stockholm, je n'y résidai plus longtemps et je retournai à Paris en 1875, après un séjour de trois années en Suède. Mais, à peine étais-je arrivée en France que Lassen, chef d'orchestre très réputé à cette époque, trouva si bien un de mes petits opéras, *Lindoro*, qu'il décida de le faire jouer à Weimar où je me rendis en conséquence.

On sait que le personnage « Sérénissimus » des journaux satiriques allemands n'était autre que Karl Alexander, à cette époque Grand-Duc de Weimar. Mon impression est qu'on s'est montré acerbe à l'excès, sinon injuste, à son égard. Parfois il témoignait, il est vrai, d'une grande naïveté; il semblait tout désemparé et paraissait ridicule. Je ne pouvais m'empêcher de sourire, mais je l'admirais quand même car c'était un prince bon, aimable, distingué, aux idées nobles et animé des plus hautes aspirations. Le Grand-Duc s'intéressait beaucoup à l'école de peinture de Weimar et il faisait son possible pour en élever le niveau, sans d'ailleurs y parvenir. Par contre, ses efforts pour perfectionner la musique et le théâtre furent couronnés de succès; et c'est grâce à lui que

Liszt venait chaque année passer plusieurs mois à Weimar. Or, partout où allait Liszt le monde musical le suivait. C'est ainsi que Weimar devint, durant une partie de l'année, un lieu de pèlerinage des musiciens et des musiciens en herbe, ce qui donnait à la petite ville un aspect tout particulier.

J'eus la bonne fortune de me trouver dans le Grand-Duché durant une de ces périodes, ce qui me permit d'y passer un mois en la société quotidienne de Liszt, de Lassen et du Grand-Duc. Mon plaisir favori était de discuter à perte de vue avec Liszt, qui, pour avoir été affreusement gâté par tout le monde durant toute son existence, était tellement fatigué de la flatterie que ce lui était une agréable surprise de trouver un contradicteur.

Il avait amené de Rome un valet de chambre italien du nom d'Ercole, qui se comportait comme si une partie de la gloire de son maître lui avait été dévolue. Ainsi, un jour que je sonnais chez Liszt, Ercole qui m'avait ouvert la porte me dit : « Mon maître dort,... je veux dire qu'il dort avec les yeux, car son esprit ne dort jamais ! » Liszt le garda à son service pendant cinq ans, au bout desquels il l'établit comme coiffeur à Rome pour se débarrasser de ce serviteur par trop zélé.

Comme Liszt ne faisait pas payer ses leçons, il était tellement débordé d'élèves qu'il ne lui restait plus guère de loisirs pour ses travaux personnels. Or, comme à ce moment il composait son *Christ*, il écrivit à Hans Von Bulow : « Cher ami, j'ai besoin d'un balai ! Venez ». Bulow vint, le balai se mit en branle ; et, au bout d'une semaine, tous les élèves avaient disparu. Jamais il ne serait parvenu seul à s'affranchir, car il ne savait rien refuser ; c'était le meilleur et le plus noble des cœurs.

L'ironie et les plaisanteries de Liszt étaient toujours tempérées et de bon goût ; et je m'amusais du sourire entendu et du malicieux battement de paupières qu'il avait lorsqu'en parlant du Grand-Duc, il le traitait de : « mon noble patron ». Sa modestie ne le cédait en rien à sa bonté d'âme : partout où je l'ai rencontré, à Weimar, Bade, Paris, Bruxelles ou ailleurs, chacun voulait lui faire honneur en exécutant ses œuvres. Il se soumettait, assistait à la représentation ; mais, invariablement, il s'y endormait à poings fermés.

La mort de cet ami fut pour moi un coup terrible, non seulement parce que je l'aimais avec vénération, mais parce qu'elle détruisit un projet qui avait pour moi la plus haute importance. Liszt avait, en effet, l'intention de diriger ma cantate *Le Feu du Ciel* (dont le texte est de Victor Hugo) au festival suivant de la Tonkünstlerverein et de conduire lui-même toutes les répétitions. La déception que j'éprouvai en cette occurrence fut presque aussi vive que celle que m'avait donnée jadis mon échec au Prix de la Ville de Paris, et j'appris derechef, par une cruelle expérience, que, pour réussir, la chance a autant d'importance que le talent...

D'Allemagne je me rendis à Bruxelles où Gevaërt, le célèbre directeur du Conservatoire, me raconta un jour l'anecdote amusante que voici :

Un jeune homme vint le voir en lui disant qu'il arrivait d'Anvers où il venait d'obtenir le premier prix de piano au Conservatoire. Il avait terminé ses études, mais désirait vivement obtenir quelques conseils de professeurs éminents. Gevaërt l'invita à se mettre au piano. Le jeune lauréat joua affreusement mal, presque comme un débutant; mais il paraissait si satisfait et imbu de sa personne que Gevaërt dut trancher dans le vif : il le laissa parler en fixant attentivement ses lèvres et il lui dit, sur un ton d'admiration : « Je n'ai jamais vu une bouche pareille! — Que voulez-vous dire? — Parbleu! votre bouche et vos lèvres semblent faites exprès! A votre place je n'hésiterais pas, je jouerais de la trompette. — Mais Monsieur, dit l'autre, furieux, je suis un Premier Prix de piano! — Oui, je le sais; mais avec des lèvres pareilles vous auriez encore plus de succès en jouant de la trompette. Du reste, si vous voulez apprendre la trompette, je vous en offrirai une en argent ». C'est ainsi que fut décidé le sort de ce jeune homme qui, après être entré de nouveau au Conservatoire, devint, dans l'orchestre, un bon trompette au lieu d'avoir été un mauvais pianiste.

En rentrant de Bruxelles à Paris, il m'arriva une aventure dramatique. Mon ami, feu le général Brialmont, m'avait accompagnée à la gare où il me dit avec reproche : « Quelle idée vous avez de voyager un lundi et dans un compartiment de dames ! S'il y a un accident, vous n'aurez personne pour vous porter secours. » Je pris la chose en riant, et montai dans le compartiment réservé où trois dames belges étaient déjà confortablement installées. Nous arrivions à la frontière française lorsque le wagon se mit à osciller d'étrange façon. «Nous avons déraillé !» m'écriai-je; et, au même moment, j'étais projetée par la fenêtre ouverte et lancée dans un champ où je me heurtai la tête contre un tronc d'arbre. Le wagon s'était renversé en abattant cet arbre et en se couchant sur lui et... sur moi. De tous côtés on entendait des cris de douleur et d'effroi; et cela dura plus d'une demi-heure pendant laquelle je mis toute ma force de volonté à rester calme, à ne pas m'évanouir et à savoir attendre en conservant mes forces. Puis, lorsque le tumulte se fut un peu apaisé, je me mis à crier à mon tour et l'on accourut. « Mais où êtes-vous donc ? demandait-on. — Ici, sous la voiture renversée. — C'est impossible. — Non, c'est vrai, aidez-moi. »

A ma grande terreur, on voulait soulever le wagon, mais je criai : « Pour l'amour de Dieu ne touchez pas au wagon ; si vous essayez de le soulever, il glissera et m'écrasera. Il vaut mieux soulever la partie de l'arbre qui est du côté du champ. Mon bras gauche est pris dessous, et, si j'arrive à le dégager, vous pourrez me tirer par la fenêtre. » On m'obéit ; et, tandis que je voyais s'agiter les sabots des paysans venus à notre aide, je sentis se soulever légèrement l'arbre qu'on maniait à l'aide de leviers ; de sorte que je pus dégager mon bras qui, sans être fracturé, me faisait abominablement souffrir. On me tira à travers les deux fenêtres du wagon renversé et on me transporta à l'auberge d'un village voisin où je trouvai, saines et sauves, mes trois compagnes de voyage. Un médecin français qui voyageait dans notre train me soigna avec dévouement, mais je m'étais fait à la tête une telle bosse que je paraissais bicéphale ; quant à mes yeux,

ils étaient injectés au point d'en être san-
glants. Enfin j'arrivai à Paris où les soins
qu'on me prodigua pendant près d'un mois me
rétablirent peu à peu. Toutefois, durant des
années entières, je me suis ressentie de cet accident qui eut pour action réflexe de me coûter
des sommes considérables. Sur la proposition
de plusieurs autres voyageurs, je m'étais en
effet jointe à eux pour intenter au gouvernement belge un procès en dommages et intérêts.
— Ce procès dura plusieurs années et il fut
fort dispendieux, chose d'autant plus regrettable que nous le perdîmes.

Je terminai ma convalescence dans la propriété de mes parents à Bougival, *les Frênes*,
où je composai des trios, quatuors, mélodies,
pantomimes, etc., dont, sur les instances de
ma mère, une partie fut publiée.

Pour la remercier de m'avoir un peu forcé
la main à ce sujet, je lui fis présent d'un
magnifique caniche blanc, extraordinairement
intelligent, qui répondait au nom de Phanor. Lorsqu'il entra chez nous, il fit semblant, durant une semaine, d'être sourd : on

l'appelait, on le menaçait, on faisait du bruit, tout le laissait indifférent et apparemment détaché des choses d'ici-bas. Puis, lorsqu'au bout de huit jours il se fut habitué à nous, il retrouva comme par enchantement l'usage de ses organes auditifs qui étaient d'une acuité et d'une précision étonnantes. Ainsi, nous lui apprenions à chanter : ma mère lançait une note qu'il essayait d'imiter en commençant par les sons les plus graves qu'il pouvait produire. On répétait la note, il donnait un son plus élevé, et cela jusqu'au moment où il avait trouvé la note juste qu'il tenait alors aussi longtemps que le lui permettait son souffle. Et ce qu'il y avait de presque aussi curieux c'est que cet exercice le mettait chaque fois dans un état de grande surexcitation : lorsqu'il *chantait*, le museau en l'air, les pattes écartées, tout son corps tremblait spasmodiquement.

Phanor avait encore une autre façon de montrer la finesse de son ouïe : lorsque ma mère donnait une leçon de chant, le chien était généralement couché sous le piano, où il paraissait dormir. Mais, dès que l'élève détonnait,

il sortait de sa cachette, se campait devant lui
et le regardait avec étonnement en remuant la
queue. Il ne lui manquait que la parole pour
dire : « Non, mais, voyons ! ce n'est pas
sérieux ! ».

Lorsque je fus suffisamment rétablie pour
reprendre mes occupations professionnelles, je
me rendis à Francfort-sur-le-Mein afin d'y diriger, au Conservatoire Supérieur, les classes de
chant, d'opéra et de chœurs. Puis, comme cette
triple tâche était trop lourde pour moi, et
malgré l'agrément de mes relations d'amitié
avec Clara Schuman, Brahms, Mme de Guaïta,
Mme Willy von Rothschild et tant d'autres, je
décidai de m'établir à Berlin où je fondai ma
propre École d'Opéra avec un succès que j'avais
à peine osé espérer. Au bout de deux ans, ma
santé s'effondra de nouveau et les médecins
m'envoyèrent en Algérie, d'où je partis à
Londres pour y diriger, de 1891 à 1894, la
classe d'opéra à l'Académie de Musique. Je
m'y liai particulièrement avec Joachim, Piatti,
Mme Liza Lehman et Goring-Thomas dont j'admirais beaucoup le talent et pour qui j'arran-

geais souvent le texte français de ses compositions. Il était fiancé et radieusement heureux de son prochain mariage, lorsqu'un jour, en courant au-devant de son oncle qui venait lui rendre visite, il glissa dans l'escalier et fut précipité, la tête la première, par-dessus la rampe. Longtemps le pauvre homme fut en danger de mort ; et lorsqu'il put commencer à se lever, son médecin lui annonça qu'il était condamné à perdre la vue. Le désespoir que lui donna sa cécité et la rupture de ses fiançailles par celle qu'il aimait, plongèrent bientôt Goring-Thomas dans une noire mélancolie qui nécessitait une surveillance constante. Un jour que, voyageant en chemin de fer, il devait changer de train, son garde-malade le quitta durant l'espace d'une minute. Le malheureux en profita pour se jeter sur la voie et s'y faire tuer.

De Londres, je me rendis à Hambourg où je fus constamment malade ; puis à Aix-la-Chapelle, où, durant plusieurs années je formai un grand nombre d'artistes.

Enfin, en 1904, je me retirai à Heidelberg, centre intellectuel des plus intéressants où je réside encore, environnée de l'amour et du respect de mon entourage, dans une ambiance artistique qui satisfait à toutes mes aspirations.

Bien que mon soixante-dixième anniversaire ait été célébré en 1911, c'est encore dans le travail que je trouve les jouissances les plus pures. On a toujours quelque chose à apprendre; et l'on se figure volontiers qu'il est utile d'enseigner à autrui ce que l'on croit savoir.

FIN

TABLE DES MATIÈRES

Introduction   v

PREMIÈRE PARTIE

Une famille de musiciens.

Chapitre I — Manuel Vicente Rodriguez (Garcia). .   5
  — II. — Manuel Garcia 12
  — III. — Invention du laryngoscope. 17
  — IV. — La Malibran 24
  — V. — Pauline Viardot 45

DEUXIÈME PARTIE

Souvenirs anecdotiques.

Chapitre   VI. — Souvenirs d'enfance. 67
  —   VII. — Un milieu distingué. 94

Chapitre VIII. — *Courtavenel* et ses hôtes. 117

— IX. — Grands artistes en tournée. 143

— X. — Souvenirs de jeunesse. 165

TROISIÈME PARTIE

Mémoires de Louise Héritte-Viardot.

Chapitre XI. — Saint-Pétersbourg 179

— XII. — En Crimée. 192

— XIII. — Souvenirs et impressions de Russie. 209

— XIV. — Fin de mes pérégrinations 223

E. GREVIN — IMPRIMERIE DE LAGNY

9 782329 566191